Investing For Kids

How To Save, Invest And Grow Money

 學會分辨 **需要與想要、風險與報酬、投資與投機，** 財富自然滾滾來

和孩子一起

學投資

狄林・雷德林 Dylin Redling
愛麗森・湯姆 Allison Tom
著

許芳菊
譯

獻給我們的父母、我們美好的家人與朋友露琪和莉莉，以及我們12歲時，那個對理財一無所知，但願意努力學習並享受過程的自己。要特別向愛麗森的祖母致敬，她給了愛麗森第一隻小豬撲滿，並教導她要好好存錢，以便她可以第一次花錢購買東西。（請全家人到當地的冰淇淋餐車吃冰淇淋！）

目次

第一章

理財第一課 1

第二章

存下你的錢 17

第三章

投資介紹 33

第四章

低風險／低報酬 53

如何使用這本書

　　如果你對錢感興趣，想知道如何存錢、如何投資、如何創造更多的財富，那麼，這本書正是為你而寫的！在這本書裡面，你將會學到如何賺錢、如何存錢、如何投資你的錢。我們會談到「風險」與「報酬」的觀念，而你將會發現為什麼有些投資比其他投資更賺錢。我們也會討論股票和債券，討論你可以如何投資它們，以及它們可以如何幫助你創造財富。最後，你會學到如何將你的投資多元化，並最終學會如何增長你的財富。在這一路上，你將會遇到**財富超人組：超會算先生**和**超會賺小姐**。超會算先生可以竭盡所能地伸展身體，讓他的錢可以持續地保有價值。超會賺小姐可以用魔法變出錢幣、珠寶和貴重金屬，並且讓它們不斷繁殖。財富超人組將會幫忙解釋書中談到的觀念，並且引導你進行有趣的遊戲、小測驗，以及認識有名的投資家、歷史事實、幕後故事和更多內容。

　　請注意：你所看到的任何紅色粗體字，都會在這本書後面的專業術語一覽表中加以解釋，方便你可以對它有更多的了解。

　　在我們較小的時候，沒有人教導我們關於個人理財和投資。我們的學校並不會提供類似「理財101」的入門課程，所以我們必須從我們的父母或靠我們自己學習關於金錢的知識。等我們長大一點，我們開始在諸如：eBay、StubHub、Lumosity之

類的網路公司打工賺錢。在這段期間，我們存到了足夠的錢，讓我們能夠在40歲出頭就退休。（大部分的人都要到65歲才能夠退休。）現在，我們經營著一個叫做RetireBy45.com的網站，來幫助其他人早點退休。

我們很樂於和你分享我們所學到的東西。而這其中的祕訣就在於：愈早開始投資你的錢，你就能賺到愈多的錢！時間是創造財富最強大的工具之一（我們會在第二章第22頁解釋其中的運作方式），而身為一個小孩子，你有一項大人所沒有的東西──時間！學習理財和投資不僅對自己有好處，也可以幫助到你身邊的大人。所以，開開心心來跟我們一起學習吧！不過，有件事情一定要牢記在心，在沒有事先獲得大人的許可和監督之下，你絕對不可以投資你的錢。

我們希望閱讀這本書是你踏上一趟精彩旅程的第一步，而這趟旅程將讓你終生受益。

狄林・雷德林
愛麗森・湯姆
RetireBy45.com創辦人

財富超人組：
超會算先生和超會賺小姐

第一章

理財第一課

錢，我們都會花，但是你可曾停下來想過，它是從哪裡來的，或是我們最初是如何建立我們的貨幣體系的？

在這一章中，我們會詳細地一一探究。我們會談到基本的貨幣和金融知識，並且回答你可能會有的問題，例如：

➡ 誰發明了貨幣？
➡ 貨幣是如何鑄造的？
➡ 還有，我們的貨幣體系最後變成什麼樣子？

我們還將研究第一批錢幣，並且進一步探討到虛擬貨幣，例如：比特幣。然後，我們會討論每個人都喜歡的話題：如何賺錢！我們會想一些讓你可以賺點小錢的工作。接著我們會研究看看你可以如何成為一名創業家，開始做些小生意。我們也會探索一些在你長大成人之後，也許會選擇的不同職業路徑。最重要的是，我們會談到如何把這些你剛學會如何賺到的錢給存起來。

錢不是從天上掉下來的

我們都曾經把錢浪費在一些我們並非真的想要或需要的東西上。它也許是一個才剛買回家就壞掉的便宜玩具，也許是一個你想要的不得了但卻很少玩的電玩遊戲；也可能是一種看起來很漂亮但很難吃的糖果。你家裡的大人也許會這樣反應說：「錢可不是從天上掉下來的，你搞清楚！」這句話你已經聽過許多遍了，但是，錢到底是從哪裡來的呢？

為了真正了解這個問題的答案，我們需要來上一點歷史課。幾千年前，人們會以物易物，這意思是說，他們會用某樣物品交換另一種價值類似的物品。例如：農夫也許會用動物（像是山羊）來交換他們需要的東西（像是工具或陶罐）。你可以預見，在過了一段時間之後，這可能會變得難以進行。想像一下，如果你要用你的漫畫書交換朋友的腳踏車。（你必須把你最喜歡的漫畫書全部拿出來，才能換到一輛腳踏車！）

很快地，人們用商品作為一種貨幣的形式。這些東西是大部分人需要並且經常使用的日常用品。商品的例子包括：香料、鹽和種子。用一袋種子去購買工具或補給品，可能要比用一隻山羊去購買容易得多。然而，用商品作為貨幣仍然不是很理想，因為種子和香料有可能會壞掉，也不見得都很容易運送。你沒辦法在錢包裡隨身攜帶一袋兩三公斤的鹽！這啟發人們去思考其他可以當作貨幣的珍貴物品，像是貴重金屬。

歷史學家追溯金屬物被當作貨幣使用的時代，最早可以回溯到西元前五千年。直到西元前七百年，小亞細亞的利迪亞王

國（Kingdom of Lydia）才成為第一個製造錢幣的文化（請看第6頁「歷史筆記：貨幣的歷史」）。

最終，其他國家和文明社會也開始製造他們自己具有特定價值的錢幣。有了既定價值的錢幣，使得用金錢交換物品或服務變得比較容易。這種類型的貨幣，就是所謂的代用貨幣。它使得政府和銀行可以用特定數量的黃金或白銀對其進行估價。

讓我們快轉到今天。當今大部分的貨幣已不再是由黃金或白銀作為擔保。我們現在的貨幣是所謂的法定貨幣（fiat money，在拉丁文中，fiat是「就這麼辦」的意思。）這給了政府正式的權力來聲明這種貨幣有一定的價值。在美國，貨幣的製造是由財政部負責。紙鈔在印鈔局（Bureau of Engraving and Printing，簡稱BEP）印刷，錢幣則由美國鑄幣廠製造。美國鑄幣廠甚至讓人免費參觀它在費城和丹佛的設施，參觀內容展示錢幣如何製造，以及鑄幣廠的歷史。（補充說明：在台灣，新台幣由中央銀行發行，紙鈔由中央印製廠印製，錢幣由中央造幣廠製造。）

一探究竟
美國鑄幣廠

你是否曾經想過美元鈔票是怎麼製造的？

這個過程自1862年引進以來，已經有相當大的進展。回想當年，一小群人在財政部的地下室用手搖的機器印刷貨幣。時

至今日，印製貨幣需要訓練有素的工匠、專門的設備，並結合傳統印刷技術與當代科技。

鈔票是由75%的棉和25%的亞麻混合製成，紙張會經過安全處理並加上浮水印。設計師使用綠色、黑色、金屬色和變色墨水的組合來設計整體的外觀、構圖和細節。一種被稱為凹版印刷的特別印刷過程，被用來為每種面額加上肖像、圖案、數字和字母。

之後，再添加上序號、美國聯準會印章、財政部印章、聯準會識別碼。在將這些鈔票收縮包裝，運送到聯準會（美國的中央銀行）之前，電腦、相機和複雜的軟體會對它們進行徹底的分析和評估。

賺錢的方法

現在你已經知道錢從哪裡來了，就讓我們來談談你可以如何開始賺進自己的錢。

你可能會想，我只不過是個小孩子。我能賺什麼錢？嗯，有許多方法你可以賺點外快，即使在你這個年紀。你只需要有些創意，並且願意去落實。

為了幫助你開始，以下有些事情你可以問問自己：

1.你喜歡做什麼？你喜歡動物嗎？你也許可以幫人遛狗或是當寵物保母。你喜歡在戶外嗎？你也許可以幫忙修剪草坪或整理後院。你喜歡騎腳踏車嗎？你也許可以幫人跑腿或遞送東西。

2.你擅長做什麼？你擅長美術嗎？你可以幫忙油漆籬笆。你對下廚很拿手嗎？你可以烤餅乾去賣。你很懂得怎麼跟幼兒相處嗎？或許你可以當陪玩大哥哥大姊姊。

請記得，永遠要和家裡的大人商量一下，確認你是否可以從事任何工作。你的健康和安全永遠要列為優先考量。

一旦你長大了一些，你可以申請一份能從雇主那裡領到打工薪水的工作。把工作做好而領到報酬的感覺很有成就感。事實上，這是成為一個大人的重大起步之一。我最初的工作之一是幫人製作和外送披薩，那時我16歲。我喜歡開車，也喜歡披薩，所以這對我來說是一份完美的工作！愛麗森的第一份工作是清洗心肺復甦術練習用的假人，那時她17歲。這是一份麻煩的工作，但薪水很不錯。（請注意：根據美國勞動部，可以合法開始工作的年齡是14歲。）（補充說明：在台灣，根據勞動基準法，原則上雇主不得雇用未滿15歲的人從事工作。）

另一種賺錢的方式是開始做生意，並且成為一名創業家。你不需要請任何員工就可以開始做生意，你知道嗎？這就是所謂的獨資企業。愛麗森和我曾經創辦過幾次這類型的小生意。

歷史筆記
貨幣的歷史

西元前 7 世紀

利迪亞王朝成為第一個製造錢幣的文化。

12 世紀

中國在宋朝時期開始使用紙鈔。

1933 年

美國取消了金本位制，以防止美國人用他們的貨幣兌換黃金。

1913 年

美國創設聯準會。

1950 年

大來卡（Diners Club Card）成為世界第一張簽帳卡。

1955 年

美國在所有的貨幣上加上「In God We Trust」（我們信仰上帝）的座右銘。

1958 年

BankAmericard 是第一張由第三方銀行發行的信用卡。

2020 年

超過五千種加密幣貨幣正在進行交易。

2014 年

Apple Pay 問世，它是一種數位錢包服務，被當作是一種透過行動電話支付的安全付款方式。

1661 年

第一張歐洲紙鈔
在瑞典發行。

1792 年

根據《鑄幣法案》，
美元以固定價格兌換
黃金和白銀。

1816 年

英國正式採行
金本位制。

1900 年

美國頒布黃金本位法案，
由此創設了中央銀行。

1872 年

西聯匯款推出了
第一個廣泛使用
的匯款服務。

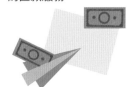

1862 年

美國發行第
一張紙鈔

1967 年

第一台自動櫃員
機（ATM）在英
國倫敦問世。

1990 年

美國中央銀行和商業銀
行之間的轉帳，第一次
以電子轉帳的方式完成。

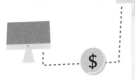

2009 年

一位匿名人士發
明了加密貨幣比
特幣。

1997 年

第一次行動支付購物
是購買一杯飲料。

1994 年

第一次線上購物是從必
勝客購買一個義大利香
腸蘑菇披薩。

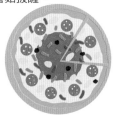

連連看

　　財富超人組希望你動動腦，想出更多賺錢的方法。請記得，要做到這點的一個好方法，是去想一想，你喜歡做什麼，以及你擅長做什麼，藉此來幫助你找到完美的工作。

　　列出兩張清單：寫下5件你喜歡的事情，以及5件你擅長的事情。然後將它們搭配看看，找出你理想的工作。以下是一個例子：

我喜歡的事情：	我擅長的事情：
游泳	幫助別人
漫畫	美術
桌遊	數學

　　現在，想辦法將每一欄的項目組合在一起，像下面這樣：

游泳 + 幫助別人 = 游泳教練

漫畫 + 美術 = 創作漫畫書

桌遊 + 數學 = 設計數學相關的遊戲

　　你可以利用這個策略腦力激盪出你現在可以做的工作，以及在你長大一些之後，可以從事的一些職業構想。

惱人清單

那麼，你可以如何決定你應該開始做哪一門生意呢？一個訣竅是想出一張「惱人清單」，簡單列出讓你感到困擾的事情。然後想一想，哪種類型的產品或服務，可以解決這個問題。以下是一些例子：

▶ **問題**：當你撫摸你的貓咪時，你會沾得全身都是毛。
　解決方案：發明一種不沾毛的手套。
▶ **問題**：沒有看起來像你一樣的超級英雄。
　解決方案：創作一本漫畫，裡面的超級英雄可以激勵你。
▶ **問題**：下棋太花時間。
　解決方案：設計各種比較不複雜的棋子。

你還可以透過投資賺錢！在這本書裡，我們會告訴你怎麼做。如果賺錢現在似乎還做不到，也別煩惱。隨著你日漸長大，你最後都能找到賺取收入的方法。與此同時，你現在懂得愈多，你將來就會處於更有利的賺錢位置。

什麼是負債？

字典將負債定義為：「某些虧欠人家或是到期的東西，通常是指金錢。」負債通常是經由向銀行或金融機構的貸款所帶來的。

建立你的惱人清單

在「賺錢的方法」（見第9頁）中，我們談到了建立一張困擾你的事項清單，一張惱人清單，然後創造某種產品或服務來解決這個問題。

為了進行這項活動，我們希望你拿起紙和筆，然後寫下10件困擾你的事情。在這些事情的每一項旁邊，寫下可能的解決方案。以下是一些可能會讓你困擾的事情類型：

食物＿＿＿＿＿＿＿＿＿＿＿＿＿＿＿＿＿＿＿＿＿

衣服＿＿＿＿＿＿＿＿＿＿＿＿＿＿＿＿＿＿＿＿＿

汽車＿＿＿＿＿＿＿＿＿＿＿＿＿＿＿＿＿＿＿＿＿

電玩＿＿＿＿＿＿＿＿＿＿＿＿＿＿＿＿＿＿＿＿＿

腳踏車＿＿＿＿＿＿＿＿＿＿＿＿＿＿＿＿＿＿＿＿

回家作業＿＿＿＿＿＿＿＿＿＿＿＿＿＿＿＿＿＿＿

餐廳＿＿＿＿＿＿＿＿＿＿＿＿＿＿＿＿＿＿＿＿＿

為什麼銀行想要借錢給你？它們會這麼做，是因為它們可以收取該筆貸款的利息（基本上是一種費用）。舉例來說，瑪莉想要買一台台幣15萬元的二手車，而她的銀行會以10%的利息借她這筆錢。「利息」是為了延遲償還負債而支付的額外費用。所以，以一年來說，瑪莉會欠這家銀行1萬5千元的利息（也就是15萬元的10%），再加上貸款的金額，所以一年之後，她總共要償還這家銀行16萬5千元。瑪莉償還債務的時間拖愈久，她欠銀行的利息就愈多。

雖然負債也許聽起來像是個壞東西，但「好債」跟「壞債」還是有差別的。好債是用來投資某些將來會增值的東西。例如：學貸、房貸或企業貸款。壞債通常是指為了那些不會增值的項目用很高的利息借錢。高利息的汽車貸款和信用卡債，是壞債的一些例子。

錢要存在哪裡

讓我們假裝你贏得了100萬美元（大約台幣2,900萬元）的現金。你會放在家裡的什麼地方？你的床底下？你的衣櫃裡？一個（非常大的）鞋盒裡？你會擔心你那愛管閒事的老姊可能會發現它，或甚至從你那裡把它偷走嗎？或是你的小狗，小白，可能會在它上面流滿口水？也許你可以把它藏在一大堆不同的地方，但之後你可能會忘記你把所有的錢都放在哪裡。

這就是為什麼我們會有銀行和銀行系統。銀行提供了一個安全的地方去存放你額外的現金，而且它們甚至為你的錢支

付利息！（我們會在第21頁解釋利息如何運作。）在你當地的銀行，你可以將錢存入儲蓄帳戶或是支票帳戶（checking account），或是你可以購買**定期存單**（certificates of deposit，簡稱CDs）。定存提供較高的利率，意思是它們付你較多的利息錢，但是你必須讓這家銀行保管你的錢更長一段時間。

你如何知道你的錢存在銀行裡是安全的？萬一銀行發生搶劫，小偷偷走了所有的錢？或是萬一發生火警，這家銀行被燒毀了怎麼辦？幸運的是，你的錢是安全的，因為美國的聯邦存款保險公司（簡稱FDIC）為存款提供高達25萬美元（大約台幣725萬元）的保險。FDIC成立於1933年，它的宗旨在於透過建立安全的銀行業務來穩定金融體系。所以，如果你希望你的錢徹底的安全無虞，你可以將這100萬美元存在四家不同的銀行，每家銀行存25萬美元。（補充說明：在台灣，類似FDIC的機構為：中央存款保險公司。存款最高保險額度為台幣300萬元。）

銀行拿了你的錢去做什麼用？它們會把錢借給其他的客戶去購買昂貴的物品，例如：房子和車子。這筆必須連本帶利償還的錢稱之為貸款。銀行只需保留現金存款的10%以供隨時取用。這項規定稱為法定準備金。銀行借出其他90%的錢，它們對貸款收取的利率高過付給存款的利率，藉此來賺錢。

這整個過程幫助經濟更有效地運作。大家可以使用信用卡更方便地支付日常用品。（信用卡可以讓人現在買東西，晚點再付錢。）貸款者可以使用銀行貸款做重大的購買，像是：買棟房子，或是支付大學學費。大部分的人都需要房貸（買房子的貸款），或某種形式的信用（借錢的能力）貸款，來支付這

些貴重的項目。你還能把錢放在哪裡？除了傳統的銀行之外，你還可以把它存在**純網路銀行**、**信用合作社**，或**證券經紀商**。

➤ **純網路銀行**提供跟傳統銀行相同的產品和服務，但是它們沒有實體的據點。你所有的存款、提款、客服諮詢都是在線上完成。（補充說明：台灣目前的純網銀有三家，分別是LINE Bank、樂天國際銀行、將來銀行。）

➤ **信用合作社**是針對特定團體，例如：老師或軍人，所設立的銀行。它們提供顧客更好的利率選擇，但是它們的實體據點比大部分的銀行少一些。（補充說明：台灣還有農漁會信用部，針對農漁民提供更好的利率選擇。）

➤ **證券經紀商**可以讓民眾買賣金融商品，例如：股票、債券、共同基金、指數股票型基金（ETFs）。

　　別擔心，我們會在第五章討論這些令人興奮的選擇。
　　如果你沒有銀行帳戶，可以問問家裡的大人，看他們可不可以帶你去他們的銀行開立一個帳戶。

創業・投資家臉譜
黛比・菲爾斯

　　你喜歡曲奇餅嗎？這位創業家絕對喜歡！
　　1968年，12歲的黛比・菲爾斯（Debbi Fields）成為美國職棒大聯盟奧克蘭運動家隊的首批「女球童」之一。她將薪水拿來購買烤餅乾的原料。她甚至為裁判創造了一個「牛奶和餅

乾」的休息時間。

「我知道我喜歡做餅乾，而且我每一次做，都能帶給別人歡樂。這是我的商業計畫。」1977年，菲爾斯在加州帕洛阿爾托開了她第一家菲爾斯太太原創餅乾（Mrs. Fields Original Cookies）店。在她開張營業的第一天，店裡一個客人也沒有，於是菲爾斯太太拿了試吃品到外頭，以便吸引客人上門來買她的餅乾。這招奏效了！那天她賣了價值75美元的餅乾（相當於今天300多美元，或台幣8,700多元）。

菲爾斯以溫熱、新鮮出爐的餅乾聞名，她的祕訣是使用真材實料（奶油、香草和巧克力）來製作她的餅乾。Mrs. Fields 公司一度價值4.5億美元（大約台幣130.5億元）。雖然黛比·菲爾斯已經不再經營這家公司，她仍然擔任這個品牌的代言人，這家公司目前有超過650個零售點。

重點總結

在這一章，我們談到了基本的貨幣和銀行知識。以下是一些要記住的重點：

- ☑ 以物易物是最早的一種支付方式。（見第2頁）
- ☑ 賺錢的最好方式，就是把自己喜歡的事跟擅長的事結合起來。（見第4頁）
- ☑ 負債是虧欠或到期的錢。（見第9頁）
- ☑ 人們把錢放在銀行，因為這樣是安全的，而且他們這麼做還可以賺錢（利息）。（見第11頁）

第二章

存下你的錢

當你為鄰居遛狗或幫忙做家事而拿到報酬時,你會怎麼處理這些錢?你會立刻把它拿來花在新的電玩遊戲上嗎?或是你會留下一些錢,晚點再花?花錢容易,但存錢可就困難許多了。

在這一章,我們會談到存錢的重要,以及要存下多少。你將會學習到一種稱為**利息**的神奇工具來增加你的錢。而且我們會向你展示,為什麼孩子比大人擁有更為強大的工具可以增長財富!

花掉或存下來?

你可以養成的最重要理財習慣之一,就是學習如何儲蓄。你愈早開始存錢,就愈容易存錢並增加你的錢。大多數人都會想到要為未來存錢,但是為現在存錢也很重要。儲蓄的習慣可以幫助你為可能需要或想要做的事情、緊急的狀況,以及幫助別人而預留下一些錢。

許多人存不了錢的主要原因之一，是因為他們沒有儲蓄的計畫。一個好的儲蓄計畫可幫你想清楚要存下多少錢、花掉多少錢，以及要花在哪裡？你可以運用的一個儲蓄計畫範例稱之為「4-3-2-1」計畫。它將你的花費分成四個桶子：

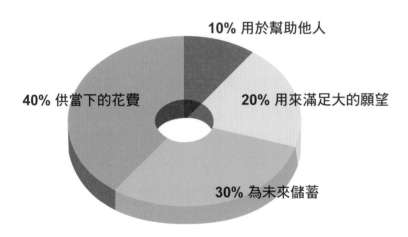

10% 用於幫助他人

40% 供當下的花費

20% 用來滿足大的願望

30% 為未來儲蓄

讓我們來看看，你會把什麼放進這四個桶子裡：

➜ **當下的花費**，包括你定期進行的較小型購買（少於台幣1,500元）。這裡是一些例子：零食、衣服，和朋友一起做些活動。

➜ **未來的儲蓄**，這是為你的未來所存下的錢。這些錢可以用來上大學、買你的第一輛車，或拿去做你想做的投資。

➜ **大的願望**，就是較大型的購買（多於台幣1,500元），你需要花些時間來存這些錢。這些東西可以像是：腳踏車、電玩遊戲或夏季旅行。

➜ **幫助他人的錢**，你可以用來捐給慈善機構、你的社區，或有需要的人。它也可以用來幫助你的家人和朋友。也許你可以

跟你的姊姊買一盒女童軍餅乾，或捐錢給正在為慈善機構募款的好朋友。

現在讓我們來想一想，要把你的儲蓄放在哪裡。在第一章，我們談到了人們存錢的地方：傳統銀行、純網路銀行、信用合作社以及經紀商。面對這麼多選項，你如何知道應該要把你的錢放在哪裡？

儲蓄主要有兩種類型：短期儲蓄和長期儲蓄。

➡ **短期儲蓄**是用來支付你定期所需的費用。你的短期儲蓄是為了你「當下的花費」和「幫助他人」所存的錢。這筆錢應該要很容易拿到，因為你比較常需要用到它。也許你一開始可以將這筆錢存在你臥室的小豬撲滿（愛麗森當年就是把錢存在這裡）、鞋盒或小保險箱裡。

➡ **長期儲蓄**是用於你未來要花的錢，像是：假期或大學的費用。你的長期儲蓄是為了你「未來的儲蓄」和「大的願望」所存的錢。因為你不需要馬上用到這筆錢，你可以把它放到儲蓄帳戶或定存，或投資在諸如：股票、債券之類的東西。（我們稍後就會討論到這些東西。）

請記住：不論你要把你的錢存在哪種類型的銀行或儲蓄帳戶，都需要有大人的協助。

為你的財富加值
回饋社會

可以幫助有需要的人是一種很棒的感覺。你可以付出你的時間、資源或金錢來行善。它往往從一個小小的善行開始，例如：幫你的弟弟綁鞋帶，或幫忙收拾餐桌。它也從感恩中滋長。當你對你生活中的一切心懷感謝，你會比較容易看到那些沒有那麼幸運的人。

那麼，你可以做些什麼呢？你可以幫助別人。你可以貢獻你的時間在寵物收容所當志工，或是為社區打掃工作出點力氣。你也可以把你的舊玩具和舊衣服捐給當地的慈善機構。你甚至可以將你的一些錢捐給你信賴的公益事業，像是：保護瀕臨絕種的野生動物、治療癌症，或終結飢餓。（只需要確保有大人先在你的計畫上簽名即可。）

有利息的存款

存錢最酷的地方之一，就是不用做任何事情，就可以看著它一直增加。這就是所謂**被動收入**的一個例子。你可能正在納悶，錢怎麼可能自動增長？它又不像植物？

錢會自動增長是因為銀行會為你存入的錢支付利息。他們實際上是為了讓你把錢存在它們那裡而付錢給你。為什麼它們要這麼做？如同我們在第一章提到的，它們把這些存進來的錢

借出去，並且對這些貸款收取更高的利率（見第11頁）。

利息有兩種：單利和複利。單利很酷，但複利則更令人讚嘆。這兩者的區別在於，單利是根據存入的金額（稱為**本金**）來支付。另一方面，複利則是根據本金加上之前所累積的利息來支付。（我們會在下一節解釋。）

讓我們來看看單利實際運作的一個例子。假設你存進1,000美元，你的銀行每年支付5%的單利。這意味著你每年可以從你的銀行賺進50美元（1000 × 0.05）的利息。

以下是你的錢在5年期間會增加的方式：

➡ **開始**：1,000美元
➡ *1年之後*：1,050美元
➡ *2年之後*：1,100美元
➡ *3年之後*：1,150美元
➡ *4年之後*：1,200美元
➡ *5年之後*：1,250美元

在5年之內，不用做任何事情，你將會從你1000美元的存款中賺到額外的250美元（大約台幣7,250元）。這等於在5年內，總共增加了25%的錢（250美元÷1000美元＝0.25）

這顯示了為什麼盡早開始存錢很重要。還記得我們說過，孩子實際上比大人擁有更珍貴的儲蓄工具嗎？確實是如此──這個工具就是時間！你有能力讓你的錢比大人賺取更多年的利息。

舉例來說，你現在10歲，而你的數學老師史密斯女士現在30歲。如果你們兩個人今天都把1,000美元以5%的單利存進儲蓄帳戶，以下是你們在35歲時各自會擁有的錢：

→ **史密斯女士：1,250美元**
→ **你：2,250美元**

　　同樣在35歲的時候，你會比史密斯女士多了1,000美元（大約台幣29,000元）！而你並不需要為這筆錢多做任何事。以下是它用圖表看起來的樣子：

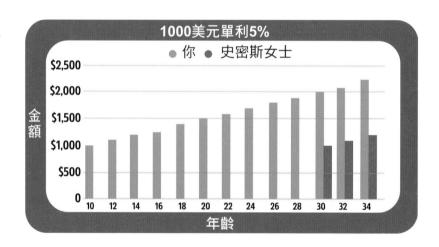

　　我們是如何算出這些數字的？事實上，有一個數學公式來確定你將獲得的單利金額。

利率小偵探

我們已經談過你可以把錢存入以賺取利息的各種不同地方，像是你當地的銀行和純網路銀行。有些帳戶會比其他帳戶提供更高的利率。

在這個活動中，財富超人組將邀請你研究以下各類帳戶的利率。請跟某個大人一起進行這件事，而且務必要做筆記，以便你稍後可以回頭參考這些資訊。

→ 當地銀行的儲蓄帳戶：前往兩到三家的當地銀行，並且詢問它們儲蓄帳戶的利率是多少。

→ 當地銀行的定期存單：當你在詢問這些銀行的同時，請問它們支付一年、三年和五年期存款的利息是多少？

→ 純網銀的儲蓄帳戶：搜尋兩到三家純網銀儲蓄帳戶，並且一一寫下它們支付的利率。

現在你已經有了所有的這些資訊，你可以決定哪種儲蓄選項對你最有利。

單利＝P × i × n

➡ P ＝ 本金（你一開始存入的金額）

➡ i ＝ 利率

➡ n ＝ 期數（你存入多少年）

所以，以之前你和史密斯女士的例子來說，以下是算出你們兩人單利金額的方式：

史密斯女士的單利＝1,000美元 × 0.05 × 5年＝250美元
你的單利＝1,000美元 × 0.05 × 25年＝1,250美元

很酷吧？而更酷的是複利，這個我們會在接下來探討。

一探究竟
美國聯準會

我們在這一章談到利息，但利率是怎麼設定的，以及它如何影響你？

當經濟衰退，美國聯準會（Fed）會調降利率，當經濟景氣熱絡，它則會調升利率。它調降利率的原因是要鼓勵大家借錢。利率較低時，更多人會用房貸購屋，用汽車貸款買車，以及用信用卡買其他的用品。

反過來說，當利率上升，就是你存錢的好時機。較高的利率會讓你的儲蓄帳戶和定存賺到更多錢。

華倫・巴菲特（Warren Buffett）是世界上最有錢，也是最知名的投資者之一。在2019年底，他擁有的淨值（他所擁有東西的全部價值減去他欠別人的東西）將近900億美元（大約台幣2.6兆元）！

儘管巴菲特很富有，但他仍然過著簡樸的生活。他推薦大家投資在那些你可以容易了解的「簡單生意」。他也建議大家投資指數型基金（見第98頁），並且不要緊盯著市場。

小時候，巴菲特沿街販賣口香糖、汽水和雜誌。高中時，他和一位朋友用25美元（大約台幣725元）買了一台二手的彈珠檯，將它放在一家理髮院裡。他們又添加了幾台，然後在一年後，他們以1,200美元（大約台幣34,800元）的價格賣掉了他們的小生意。

2009年，巴菲特和微軟公司創辦人比爾・蓋茲發起「捐贈誓言（Giving Pledge）」運動，承諾將他99%的財富捐給慈善事業。

什麼是複利？

我們剛剛展現了為什麼單利對你金錢的增加這麼有力。你什麼都不用做，就可以眼睜睜地看著你銀行存款增加。事實證

明，這的確是有如看著植物成長！

　　好消息是，複利又讓它更上一層樓。世界最有名的投資者之一，億萬富翁華倫‧巴菲特曾經這樣說過複利：

　　「我的財富是由三個要素組合而成：居住在美國、一些幸運的基因，以及複利的效應。」

　　那麼，為什麼複利比單利更好？正如同我們在前面所提到的，單利只按本金或存款金額支付。而另一方面，複利則是按本金加上之前所累積的利息來支付。它的公式看起來如下：

複利= P × (1 + i)^n

→ P = 本金（你一開始存入的金額）

→ i = 利率

→ n = 期數（你存入多少年）

　　如果這個數學方程式看起來太困難，別擔心。你可以簡單地將你的數字輸入某個線上計算機，像是investor.gov上的計算機（你可以在資源篇第127頁找到這個連結）。讓我們用之前你和史密斯女士存進1,000美元的例子來計算一下複利。按照複利計算，以下是你們在35歲時，各自擁有的錢：

➡ 史密斯女士：1,276美元

➡ 你：3,386美元

　　同樣在35歲的時候，你會比史密斯女士多了2,110美元（大約台幣61,200元）。而你並不需要為這筆錢多做任何事。以下是它用圖表看起來的樣子：

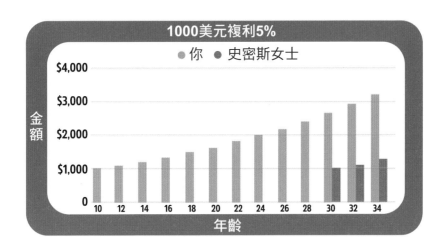

　　如果你將這張圖拿來跟在22頁呈現單利的那張圖比較，你有注意到任何不同的地方嗎？提示：看看每張圖表中的藍色線。

　　如果你仔細看，你應該可以看到複利圖表中的藍色線，慢慢向上彎曲。在單利的圖表中，這條線呈直線上升。這意味著，你投資的時間愈長，你每年透過複利賺取的收入就愈多。

　　讓我們來看看另一個例子。假設你贏得了第一章所談到的100萬美元（大約台幣2,900萬元），並且以8%的複利將它拿去

投資，結果會如何？在25年之內，你總共會擁有6,921,581美元（大約台幣2億元）！你連一根手指頭都不用動，你的投資就會增加到六倍多。這就好像你的錢是你的員工，它正在為你拚命工作。

所以，藉由複利，要花多少時間才能讓你的投資翻倍？依照72法則，要算出讓你的投資金額翻倍的年數，你只需將72除以利率。例如：利率8%，你可以用9年讓你的投資金額翻倍（$72 \div 8 = 9$）。

因此你可以明白，為什麼愛因斯坦，這位科學史上最聰明的人之一，會這麼形容複利：

「複利是世界第八大奇觀。了解它的人，便可以賺到它。不了解它的人，只好支付它。」

算算看

在我們比較你和史密斯女士的利率例子中（見第22和第27頁），我們用的是5%的利率。不過，如果你可以賺到比這更多的利息會如何？（我們會在第68頁學到更多關於你可以獲取更高利率的地方，這地方稱之為「股票市場」。）

財富超人組希望你計算一下，你的1,000美元在25年裡以8%的利率可以賺到多少利息。試著用單利和複利都算算看。以下的公式作為提醒：

單利＝P × i × n

複利＝P × $(1 + i)^n$

➡ P = 本金（你一開始存入的金額）

➡ i = 利率（你的錢會增長的速率）

➡ n = 期數（你存入多少年）

還有，請別忘了，你可以使用像是investor.gov（連結請見資源篇第127頁）上的複利計算器。

重點總結

在第二章，你學到了關於存錢的美好世界。以下是一些要記住的重點：

☑ 你可以用「4-3-2-1」計畫的方式來儲蓄。（見第18頁）

☑ 藉由利息，你的錢就會增加，不需你做任何事情。（見第20頁）

☑ 時間是你最好的朋友。（這就是為什麼你在35歲的時候，會比史密斯女士35歲的時候存到更多錢；見第22和第27頁）

☑ 愛因斯坦稱複利為「世界第八大奇觀」（見第28頁）。

第三章

投資介紹

你已經了解了儲蓄，現在我們要更進一步談到**投資**（investing）。當你投資時，你會把錢投入在某些東西上，期待它會增值。為什麼投資這麼重要？如果你只是把錢塞在床底下，是不可能讓你的錢增長的。投資讓你運用像是複利這種有效的工具，來增加你的儲蓄。（世界上最富有的人都是投資高手，這是有原因的。）

投資一開始看起來可能會有點令人害怕。你要如何開始？你要投資什麼？它會不會有風險？我們將會回答所有的這些問題，所以你可以對這個過程感到有信心。一旦你了解這些基本知識，投資似乎就一點都不可怕了。在這一路上，財富超人組會用一些好玩有趣的活動來幫助你了解並記住這一章的概念。

為什麼你應該投資？

把你的錢存下來很棒，但把你的錢拿去投資則更讚！

投資讓你有機會賺到比銀行給你的利率更高的報酬。你可以投資在各式各樣的金融產品，例如：股票、債券或是這些產

品的組合。你也可以投資在實物上，像是房地產、藝術品或收藏品（像是棒球卡）。

　　讓我們來看一個例子。在美國，一個典型的純網銀儲蓄帳戶目前每年大約可賺取1.5%的利息，但是如果你把錢投資在股票市場（見第68頁），報酬率則上升到每年平均將近8%。如果你有1,000美元可以投資，你的純網銀儲蓄帳戶一年可以賺到15美元（大約台幣435元）。如果你將同樣的錢投資在股票，同一年，你的投資就可以賺到80美元（大約台幣2,320元）。這兩者相差了65美元（大約台幣1,885元）！這就是為什麼進行投資是聰明的，而且不僅僅是針對有錢人是如此。（補充說明：在台灣，目前純網銀存款優惠利率在2%~3%之間。）

　　為什麼投資比把你的錢放進儲蓄帳戶可以賺更多的錢？這就牽涉到「風險與報酬」這回事。當你購買某家公司的股票時，你就承擔了這家公司的風險。如果它表現良好，那麼股票就會增值。如果這家公司表現差勁，那麼股票價值就會下跌。幸運地是，你可以透過研究，增加你做出好投資的勝算。

　　讓我們來看看時間在投資中的價值。在這個例子中，你和史密斯女士將進行投資，並每年賺取8%的利息。然而，你會比史密斯女士更早開始許多。

我們也將看看三種情境：

1. 你從15歲開始，每年投資1,000美元，持續10年。

2. 你從25歲開始，每年投資1,000美元，持續10年。

3. 史密斯女士從35歲開始，每年投資1,000美元，持續25年。

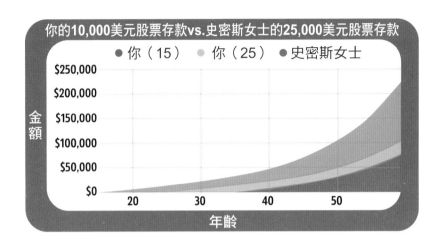

你的10,000美元股票存款vs.史密斯女士的25,000美元股票存款

● 你（15）　● 你（25）　● 史密斯女士

60歲時的結果：

1. 你全部的投資10,000美元，而你最終得到的是214,289美元！
2. 你全部的投資10,000美元，而你最終得到的是99,211美元！
3. 史密斯女士全部的投資25,000美元，而她最終得到的是73,106美元！

　　雖然你比史密斯女士少投資了15,000美元，但在60歲的時候，你得到的錢卻更多。這是時間價值發揮在投資上的另一個例證，而這是你勝過大人的優勢。這個故事的主旨是在告訴你，愈早開始投資愈好！

沃克夫人（Madam C. J. Walker, 1867-1919）是一位創業家、慈善家和社會運動者。你也許從來沒聽說過她，但是她的故事很了不起。

沃克是美國第一位白手起家的女性百萬富翁（她甚至被名列在金氏世界紀錄裡。）她也是非裔美國人，並且是她家裡第一個在美國南方一出生就獲得自由的孩子。

沃克靠為黑人女性製造與行銷化妝品和護髮用品致富。她在印第安那州・印第安納波利斯的公司總部蓋了一座工廠、美髮沙龍、美容學校，以及研究實驗室。

在1910年代，沃克的公司雇用了數千名業務員，大部分都是女性。除了訓練她的員工銷售技巧，她還教育她們關於商業、預算和讓自己財務獨立的知識。她是一位真正的開拓者！

風險與報酬

你如何知道要投資什麼，以及為什麼有些投資比其他投資更好？這一切都基於風險與報酬的概念。

你可以這樣想：你的足球教練決定採取積極的攻勢，所以他讓每個人（包括守門員）都處於進攻狀態。這會發生什麼狀況？你的球隊可能進了很多球！但是如果對方拿到球閃過了你

的進攻，他們就可以自由地跑向你們的球門得分。這就是一個高風險、高報酬的例子。

在接下來的這一週，你的教練決定嘗試不同的做法。他讓每位球員都處於防守狀態。其結果剛好相反。你們幾乎不會進球，但是你們也可能阻止了對手進球得分。這就是低風險、低報酬。

投資也是以同樣的方式運作。如果你投資在有風險的事物，你可能會比其他投資賺得更多。然而，風險在於，它價值下跌的幅度也可能比其他的投資更大。

股票市場就是一個好例子。（我們會在第68頁對它有更多的討論）。它的利率平均每年高達約8%。這是一個很棒的**投資報酬率（ROI）**，意味著你的投資有賺錢，但請記住，這只是一個平均值。有些年分，它遠高於8%，但有些年的投資報酬率則可能是負的。為了可能獲得更高收益，你必須願意偶爾賠錢。

另一方面，你也可以投資在價值下跌的機率小很多的東西上，但是你的投資報酬率也會更低。一個很好的例子是你的純網銀儲蓄帳戶。1.5%的利息不會變成負數，但也不會漲太多。它給你的是低而穩定的報酬

冒險或不要冒險？

你要如何知道你的投資應該冒多大的風險？嗯，這取決於你可以多自在地面對風險。能夠容忍風險，意味著你可以承擔風險。試圖規避風險，意味著你希望避免任何有風險的事物。

在決定你想承擔多大的風險程度時，有幾個因素可以幫助你做判斷：

1. **年齡**：在談到投資時，你愈年輕，你可以承擔的風險就愈大，因為你有更多的時間來彌補。如果你的投資報酬率在你15歲的時候下降，那麼在你退休之前，還有幾十年的時間讓你的投資報酬率回升。

2. **你所處的人生階段（這類似於你的年齡）**：當你還是個高中生，或是剛開始第一份工作，你可以承擔較大的風險，因為你還有許多年可以彌補任何損失。但是如果你已經是個大人，而且接近退休的階段，你不會想要拿你的儲蓄來冒太大的風險。

3. **你的個性**：大多數的人，要麼天生就傾向規避風險，要麼天生就傾向容忍風險。你喜歡冒險的事物，像是：滑雪或衝浪嗎？或是，你覺得安全行事比較明智？

你必須要能夠在晚上高枕無憂，不用擔心你的投資。知道你自己是個什麼樣的人——風險容忍者或風險規避者——可以幫助你比較容易做決定。

流動性

當談到投資你的錢，另一件要考慮的重要事情是流動性（liquidity）。這是指在任何時間取得你金錢的容易程度。如果

風險或報酬？

你可以幫財富超人組想到三個風險相對於報酬的例子嗎？你可以使用來自運動、電玩或是你舒適圈以外的事物（像是在學校發表演講）。

針對每個例子，想想以下的問題：

➡ 是什麼讓它變得有高風險？
➡ 有可能出什麼差錯？
➡ 如果你達成你的目標，會有什麼報酬或贏得什麼？

讓我們一起看看之前的足球情境當作一個例子：

➡ 是什麼讓它變得有高風險？讓所有的球員都處於進攻的狀態。
➡ 有可能出什麼差錯？對手可能得分，因為沒有守門員去防守他們的進攻。
➡ 如果你達成你的目標，會有什麼報酬或贏得什麼？更多進球得分。

現在，請自己想出三個不同的例子。

你的錢跟某樣東西綁在一起，無法取得，那它就不是流動的。例如：你小豬撲滿裡的錢是流動的，這意思是說，如果你需要它，它可以輕而易舉地取得。為上大學投資在某個特定帳戶的錢，則不是那麼具有流動性。

如果你有足夠的錢可用於不久的將來，那麼你可以承擔較大的財務風險。如果你有立即要用到的錢，你可能會想要行事安全一點。如果有緊急需要，你會希望更容易拿到你的錢。

歷史筆記
2008 年的經濟大衰退

你也許曾經聽人提起過2008年的經濟大衰退。但它究竟是怎麼一回事，又是什麼造成了這種狀況？

在2000年代中期，有許多美國民眾購買房子。房貸放款人（借錢給人買房子所需資金的公司）利用民眾購屋的需求，開始向無力償還的人發放貸款。它造成了一種骨牌效應。房貸放款人開始破產，因為他們無法從管理不善的貸款收到他們被拖欠的資金，然後房地產市場接著崩盤。甚至曾經被認為「大到不能倒的銀行」，也逐漸倒閉。這所有的一切都影響到股市，使它的價值損失了將近一半。

最後，美國政府花了數十億美元來拯救（紓困）幾家銀行和陷入困境的汽車製造商。然後實施金融監管，以保護消費者，並防止對那些不懂金融知識的人（跟你不一樣），做「掠奪性貸款」。在讀完這本書後，你會比大多數的大人懂更多！

研究、研究、再研究

好了，所以現在你已經準備好進行投資。但是你如何決定哪種投資對你最划算？請做研究。做很多的研究。

讓我們來看一個例子。想像你的三位朋友各自都希望你投資他們的小生意：

➤ **莉莉洗車子。**
➤ **蘇菲亞有一個飲料攤子。**
➤ **傑克有一門遛狗的生意。**

問題是，你的錢只夠投資他們其中一人的生意。他們三個人都是跟你同樣要好的朋友，那麼你要如何決定該投資哪一個呢？

詢問以下的問題是一個很好的起步：

➤ **你的產品或服務是什麼？**
➤ **你要如何賺錢？**
➤ **你的顧客是誰？**

一旦你了解了每一項生意的目標，就可以更進一步鑽研細節。對於每一項你正在考慮投資的生意，你都會希望知道關於以下問題的更多答案：

➡你賺了多少錢？

➡你的生意成長狀況如何？

➡誰是你的競爭者？

➡你的生意一致性有多高？

➡你如何管理你的公司？

　　這每一項的細節，都是任何一門生意的重要因素。

盈餘

　　一家公司的**盈餘**（earning，它賺了多少錢）反映出它的**獲利能力**（profitability）或「淨利」。要確定一家公司的獲利能力，你得做一點算術。以下是你需要用到的方程式：

銷售收入總額 － 經營生意的成本＝全部盈餘

　　讓我們以莉莉的洗車生意當作一個例子。

　　莉莉每洗一輛車收費5美元。莉莉在一個週末通常可以洗3輛車。她總共賺了15美元。這是她在那一週的全部收入。

　　為了做她的生意，莉莉需要水桶、肥皂和海綿。這些物品是她的成本。莉莉有時會付薪水給她的妹妹請她來幫忙，並且也會製作海報在她的社區周圍張貼，替她的生意打廣告。這些也是她的成本。

　　所以，想知道莉莉的生意獲利能力如何，莉莉不只要告訴你她賺了多少錢，還要告訴你她花了多少錢在經營她的生意。

成長

　　為了讓你的投資賺錢，公司必須繁榮或成長——隨著時間而賺到更多錢。所以，請看看每一家公司在它的生命週期中賺了多少錢。你可以看出某個趨勢嗎？這家公司是在成長還是在萎縮？

　　請看看這家公司在過去幾個月內的盈餘，看看它們是上升還是下降。請記住，盈餘有時候會季節性的下跌。例如：蘇菲亞只在夏天賣飲料。要去看一個夠大的時間區塊，這樣才能讓你對這家公司的整體方向有一個很好的了解。

競爭

　　有多少其他的公司在這個領域提供一模一樣或類似的服務？這些公司被稱作競爭者。競爭者很多嗎？各家公司相較起來如何？你正在考慮投資的那家公司，是這個領域裡的領導者嗎？例如：在這個社區裡，有其他的遛狗人跟傑克競爭嗎？如果是，傑克如何讓他的服務脫穎而出？也許他收費比較少，也許他一次遛比較少隻狗，可以給每一隻狗更多的時間與關注。

一致性

　　在審視每家公司的數字時，檢查看看它們是否上下大幅震盪。這可以顯示出這家公司的一致性如何。坐在雲霄飛車裡忽上忽下很好玩，但是看著你的錢像那樣上上下下的可就一點都不好玩了！投資者不喜歡不確定性。一個良好投資的跡象之一，就是你持續擁有一致且穩定的收益可以讓你仰賴。

資料解讀

財富超人組向你提出挑戰，邀請你選擇三家公司來做研究。這份名單可以包括你最喜愛的公司，或是你單純感到有興趣的公司。

請為以下的每個標準搜集資料：

→ 盈餘：它們去年賺了多少錢？

→ 成長：比較前一年跟今年的盈餘。

→ 競爭：誰是他們主要的競爭者？

→ 一致性：看看它們股價的模式──它們會像雲霄飛車一樣忽上忽下嗎？或是它們很平穩？

→ 管理：誰是它們的執行長或董事長？他們在這個產業有很豐富的經驗嗎？有任何關於他們的負面新聞嗎？

在你做完這個研究之後，請決定哪家公司你會有意願投資。

管理

　　大部分成功的公司都有優秀的領導者。卓越的領導者會讓員工比較開心，做出比較好的產品決策，並且為公司創造出一個正向的長期願景。如果讓你來看看你的這三位朋友，你最信任哪一位會為他們的生意做出最好的決定？他們有多聰明、多有創意，以及有多熱情？

　　至於，如果你想投資的公司，它的經營者不是你的朋友，你要去哪裡獲得這些資訊？你可以先從網路上搜尋這家公司的名字開始。到訪這家公司的網站，然後尋找所有的年報。你也可以使用投資經紀公司的投資工具，並且請大人協助你。此外，你可以從財經部落格閱讀關於股票的資訊，以及收看電視的財經新聞。

　　一旦你習慣了做這類型的研究，你可以針對其他類型的投資進行類似的研究，像是：債券、共同基金和房地產（關於這些，我們會在稍後做更多討論）。

……然後再多研究一些

　　好了，你已經完成你的研究並且決定好要投資誰了。你決定要選擇莉莉的洗車生意。她在過去一年有穩定的成長，競爭者較少，並且對於拓展她下一年的事業有一個創意的計畫。

　　但是，請等一下！光只是在你投資前做了全部的這些研究，並不代表你已經大功告成。你應該持續追蹤、監控你的投資，以便對它做適當的管理。投資是一個持續進行中的過程。

為什麼你要持續監控你的投資？嗯，如果莉莉的洗車生意有了變化，會發生什麼事情？萬一你的另一位朋友詹姆士，決定要跟莉莉競爭，該怎麼辦？他可以收費少一點，因為他有更多錢大批買進比較便宜的肥皂。他也有個弟弟可以來幫忙，而且錢拿得比莉莉的妹妹少。

如果詹姆士的生意更合你的意，那麼你可能需要做個改變。每隔一段時間就要重新評估你的投資，這是非常重要的。

讓世界變得更美好

當你投資一家公司，就有點像是成為它部分的擁有者一樣。所以，你必須相信你所投資的公司。除了看看它們的表現，也不妨審視一下它們做生意的方式，例如：

➜ 它們的生意致力於讓世界變得更美好嗎？

➜ 它們是「綠色」企業嗎？它有想辦法將它工廠的汙染減到最少嗎？

➜ 它所銷售的是你熱愛的產品嗎？

讓我們來看看上一節所提到的三門小生意：蘇菲亞的飲料攤子、傑克的遛狗服務，以及莉莉的洗車。你可以問哪些問題，讓你對於投資他們會感覺更好？

我們從蘇菲亞的飲料攤子開始。由於兒童肥胖已經成為我們國家的一個問題，我們可以看看她的產品有多健康。她用的

是新鮮水果嗎？還是她用了調味過的飲料混合了很多糖和其他不健康的成分？

　　下一個輪到傑克的遛狗服務。除了他的盈餘，還有什麼會影響你對傑克的投資？也許是傑克將他部分利潤給了當地的動物收容所來幫助寵物領養，這也許會讓他的生意更有吸引力。

　　最後，來看看莉莉的洗車服務。環境保護非常重要，所以我們可以來看看她的生意有多「綠色」。她有沒有減少水的浪費，並且使用友善環境的肥皂和海綿？

　　你在進行你的投資研究時，也可以問問同樣的問題。社會責任投資（SRI）的概念，近來已經變得愈來愈流行，特別是在年輕投資者之間。以下是一些可以有助於讓世界變得更美好的產業例子：可負擔的清潔能源、健康照護和醫療、健身和營養、教育以及藝術。為了支持性別和種族平權，你也可以尋找由女性或有色人種等未被充分代表的團體（像是：黑人、西班牙人、亞洲人、美洲原住民）所經營的公司。

　　你可能也會想要避開那些你認為對世界有害的公司或產業。例子可能包括了：菸草、酒精、賭博和煤炭。運用你的判斷力，投資在你相信的公司，這是很重要的。也就是要記住，在「做好事」和表現良好之間，永遠要取得一個平衡。當你進行你的研究時，請將這些具有社會責任感的選項跟產業裡的其他公司進行比較。

什麼是ESG？

有一種策略可以幫助你找到讓世界變得更美好的公司，它稱為ESG方法。什麼是ESG？代表的分別是環境保護（Environment）、社會責任（Social）和公司治理（Governance）。利用ESG策略，你可以辨別出屬於以下類別之一的公司：

E 類型的公司是具備環保意識的公司。這包括製造綠色產品、減少碳足跡和碳排放，以及專注於可再生能源（像是太陽能和風力）的公司。

S 類型的公司會考慮它們事業的社會層面。這些公司會專注員工的多元化、重視人權和消費者保護，以及動物福祉。

G 類型的公司則有很好的治理能力。這些公司專注在管理和高層的領導力，以及公司是否經營良好。這會牽涉到的事情諸如：與股東的溝通、確保經營團隊的酬勞沒有過高，並確保員工得到公平合理的報酬。

哪一項因素是最重要的？由你自己來決定。也許你想要找的公司是太陽能的開拓者。或者，如果你是動物愛護者，你可以尋找投入在動物福祉的公司。將這些公司和它們的競爭者做個比較，以便做出最後的決定。並請記得，持續定期地評估你的投資，這是很重要的。

挑一張股票
但不是隨便亂挑一張

　　財富超人組在此向你提出挑戰。你在前一個活動（見第44頁）中所研究的三家公司中，哪一家會在下個月表現最好？你敢做出預測嗎？你只能選出一家。

　　請根據你的研究做出選擇。這是一種有趣的方式，可以在沒有實際投入資金的情況下，查看你的研究成效！

　　在接下來的四週，每週查看每家公司的股價（盡量選擇每週的同一天），並將結果記錄在一張紙上，把你預測中的「贏家」（呈現股價表現增長最高的）突顯出來。

　　你可以把這個活動當作是一項個人的挑戰，或是你可以邀請其他人跟你一起玩，看看誰的預測股價增長最多！

為你的財富加值
綠色投資

　　我們都知道氣候變遷正在對世界產生重大的影響。一種幫助的方法，就是當你在做投資的時候，會考慮到環境。以下是一些綠色產業，它們正致力於發展有助於環境的產品：

➡可再生能源：風力、太陽能、地熱
➡電動車
➡水和公共事業
➡廢棄物減量與回收
➡汙染控制
➡有機食物

　　如果你找到對的公司和基金，你就可以同時賺錢並幫助保護環境！

重點總結

在第三章，你從簡單的儲蓄進階到學習投資你的錢。以下
是一些要記住的重點：

☑ 投資可以比儲蓄帳戶賺到更多的利息。（見第33頁）

☑ 冒著巨大的投資風險，就好像組一支只會進攻的足球
隊。（見第36頁）

☑ 在你投資之前，研究這些公司是很重要的。（就好像
你在投資你朋友的飲料攤子之前會做的那樣；見第41
頁）

☑ ESG投資法有助於讓世界變得更美好（見第48頁）。

第四章

低風險／低報酬

　　現在我們已經學過了投資的基本概念，是時候去看看不同類型的投資，以及它們的風險程度。

　　為了幫助我們，我們將使用方便實用的風險評估表（Risk-O-Meter），對每項投資進行分級！每項投資會得到一個風險評級，等級從1（風險最低）到10（風險最高）。在這一章，我們會聚焦在低風險／低報酬的投資。（第五章則會聚焦在高風險／高報酬的投資）。

　　在這一章所討論的低風險／低報酬的投資，似乎不像高風險／高報酬的投資那樣令人興奮，但它們有一個很大的優勢：它們基本上可以保證你能夠拿到投資回報（只不過它會是比較小的回報）。

　　哪些投資會屬於這個類別？這類型比較安全的投資包括：國庫券、定存和不同類型的債券。

國庫券

　　國庫券（或簡稱T-bills）是你可以進行的最安全投資之一，因為它有美國財政部作為後盾。這意味著，美國政府會讓國庫券違約（不償還你錢）的機會是零。美國政府擔保還款，所以你可以知道你的這項投資不會賠錢。缺點是，回報的金額（或利息）很低。（補充說明：台灣的財政單位也有發行多種國庫券。）

　　你可以直接在美國財政部網站線上購買美國國庫券，網址是TreasuryDirect.gov，或透過投資經紀公司購買。美國國庫券通常以100美元或1,000美元的倍數出售，這稱之為面值（有時稱為面額）。在購買國庫券時，你會要持有一段時間，這段期間稱之為**到期**（maturity）。到期的時間範圍各不相同，可以從幾天到幾年，但基本上通常為期4、8、13、26或52週。（補充說明：在台灣，一般民眾要購買國庫券，都須透過票券商購買。）

　　國庫券不像許多其他投資那樣支付你某種利率。而是你以某個購買價格買進，並在它們到期時，按面值贖回。

　　以下是它如何運作的一個例子：你以995美元（購買價）買進了一張1,000美元（面值）的國庫券。當它來到到期日，你會獲得它的面值1,000美元，所以你的這項投資賺到了5美元

（1000美元－995美元＝5美元）。

如果你想計算出這個特定投資例子的利率，它會是0.5%（利率＝5美元÷1000美元）。你可以從國庫券賺到的金額，取決於到期日。到期日愈長，你可以賺到的錢愈多。

創業・投資家臉譜
史帝芬・柯瑞

大多數人都知道史帝芬・柯瑞（Stephen Curry）是金州勇士隊的控球後衛，他在那裡多次贏得了NBA總冠軍和MVP（最有價值的球員）獎盃。他以令人瞠目結舌的三分球和出色的控球技巧徹底改變了籃球運動。

但是你知道嗎？柯瑞在球場外也投入在商業、慈善事業和投資。柯瑞在2013年和運動用品公司Under Armour合夥，並成為其鞋類系列的明星。他還在2018年與索尼影業簽下了一份電影和電視的合約，主打電子、遊戲和虛擬實境的產品。

柯瑞現在與他的前大學室友巴爾（Bryant Barr）合開了一家名為SC30的公司。這家投資／風險投資公司的目標是做三件事情：顛覆文化、改變生活，以及「破壞遊戲規則」（藉由不同的做事方法獲致成功）。

柯瑞最終的目標是要創造出一些了不起的東西，這些東西會在他的籃球生涯結束之後依然存在很久。

銀行存款與定存

　　緊接著國庫券，下一個最安全的投資是銀行存款（像是儲蓄帳戶）和定存（定期存單）。為什麼銀行存款和定存這麼安全，這是因為它們有美國聯邦存款保險公司的保障（為每筆存款提供高達25萬美元的保障）（見第12頁）。

　　銀行存款分為兩類：

1. 當地銀行（和信用合作社）的存款。
2. 純網銀帳戶。

　　在當地銀行或信用合作社存款的好處是它們有實體的據點。也許你喜歡跟當地銀行的櫃檯人員打聲招呼，或是從自動櫃員機領錢。它的缺點是，當地銀行的利率通常很低。（在美國，2020年平均利率是0.06%。）（補充說明：2022年台灣大部分銀行的活期儲蓄存款利率大約在0.1%左右。）

　　純網銀帳戶所提供的利率通常高了許多（在美國，2020年平均利率是1%到1.35%）。缺點是，如果你喜歡親自到銀行辦事情，它們沒有實體據點。幸運地是，這個年頭，所有的事情都可以在網路上輕鬆辦妥。你甚至可以把你的網路存款連結到你一般的銀行帳戶。只要在你的滑鼠上輕輕點幾下，你就可

以輕鬆地以電子的方式來回移轉資金。

定存可以比純網銀帳戶稍微多賺一點利息（在美國，2020年達2%），因為你承諾要把錢存入較為長期的時間。就像國庫券一樣，定存也有到期日（通常在6個月到5年之間），而且你存錢的時間範圍愈長，就賺得愈多。不過你要小心，如果你在到期日之前領出你的錢，你必須付罰款。（補充說明：2022年台灣大部分銀行的定存利率大約在1%左右。）

什麼是信用評等

你也許曾經在電視上聽過信用評等。它就像是一個分數，告訴你某些東西表現有多好或多差。你的信用評等愈高，你可以獲得的信用額度就愈高，而且利率也愈好。就像人一樣，債券也會得到一個信用評等。債券可以由公司或政府發行（例如：地方債券）。

債券信用評等有助於投資者了解購買某種債券的風險有多高。它們提供了關於發行者財務狀況的寶貴資訊。如果你是一名私家偵探，這些資訊將會是你要尋找的線索，以確認該債券是好或壞的投資。

你可以把它想像成一張用英文字母列出等第的成績單。所以AAA、AA和A，是最好的評等（就好像拿到甲上的成績）。這些債券被認為是高度評價（或「投資級」）的債券。中度風險的債券，稱為高收益債券，被評等為BBB、BB或B。而被評等為C或更低的債券，是風險最高的債券（有時被稱為投機級

你是哪種類型的投資者？

　　你是哪種類型的超級投資者？你比較喜歡低風險／低報酬，就像超會算先生一樣嗎？或是像超會賺小姐，喜歡高風險／高報酬？

　　為了找出答案，請回答以下的問題。把你的答案圈出來——a，b或c。當你回答完畢，將括號中的數字相加，確定你的總分。然後，根據隨後的計分卡來比對你的得分，以確認你的投資風格。

1. 當你到遊樂園的時候會想坐雲霄飛車嗎？

　　A.不用了，謝謝！（1）

　　B.這是一定要的啦，如果它沒有太恐怖的話。（2）

　　C.是的，愈大、愈快，愈好！（3）

2. 當你在玩運動比賽的時候，你比較喜歡進攻或防守？

　　A.防守才是王道！（1）

　　B.大概攻守各半。（2）

　　C.進攻就對了。我想要得分！（3）

3. 你在一個披薩派對，你可以馬上分到一片，或是你也可以分得兩片，如果你願意等到其他每個人都享用完他們的第一片披薩。你會怎麼做？

　　A.先吃一片再說。（1）

　　B.取決於我有多餓。（2）

　　C.等著吃兩片。（3）

計分卡

讓我們從你的分數來看看你的投資風格:

→ (3到4):**較低風險**:你喜歡緩慢、穩定和安全的做法。你不介意花長一點的時間讓你的投資增長。

→ (5到7):**平衡型**:你處於中間。你也許會冒一點風險來讓你的投資增長,但是你不會做任何讓你的投資過於動盪的事情。

→ (8到9):**較高風險**:你可以接受比較冒進的投資手法。你願意用你的錢放手一搏。

債券或「垃圾債券」）。聰明的投資者（就像你一樣），應該避開任何被形容成「垃圾」的東西！

歷史筆記
經濟泡沫

　　讓我們來談一談泡沫。別誤會，這不是指你浴缸裡的泡沫。我們談的是經濟泡沫。你知道泡沫會發生什麼變化：當你吹泡泡的時候，它一開始很小，然後變得愈來愈大、愈來愈大、愈來愈大，然後……啪的一聲！破掉了。

　　這就是經濟泡沫所發生的事情。它全都是從某個新的產品、技術或市場的變化開始的。一開始，投資者都抱持著好奇且謹慎的態度，但接著就發展出興趣。很快地，大家開始擔心，如果他們沒有跟進投資這項資產（有價值的某些東西），他們會錯過大好良機。這就是人們感到亢奮（一種極度興奮的狀態）的時候，然後開始失控地買進。

　　一旦大家察覺到這些資產的價格已經飆得太高（因為太多人買進），我們就會看到大量且快速的賣出。這造成了這個泡沫的破滅，使得這項資產的價格暴跌。

　　17世紀的鬱金香狂熱（是的，很難相信荷蘭民眾對鬱金香球莖這麼熱愛）、2001年的網際網路泡沫，以及2018年的比特幣泡沫，都是經濟泡沫的例子。

風險評估表

1　2　3　4　5　6　7　8　9

高評級公司債

現在讓我們更仔細來看一看債券。當你購買債券，你基本上是借錢給債券發行者（某家公司或政府），用這筆貸款賺點利息。你也可以投資在債券基金，這是一種債券的集合。

我們會從高評級公司債開始看起，這是低風險／低報酬的投資標的。這些債券也稱之為「投資級」債券。它們的信用評等為BBB或更高（請見第57頁「什麼是信用評等」）。

這些債券獲得高信用評等，意味著其發行者財務狀況健全，不太可能違約，違約亦即發行債券的公司無法償還債務。違約通常意味著這家公司正瀕臨**破產**（bankruptcy）。萬一你投資到違約的債券，你可能只能拿回部分的錢。

好消息是，高評級公司債是非常安全的投資。從1920年到2009年，違約的AAA債券少於1%，這可以顯示出這些債券有多安全。當然，安全（或低風險）投資的缺點則是報酬也低。以債券來說，其報酬稱之為**收益**（yield）。投資者接受高評級債券較低的收益，為了是將他們的錢投資在較安全的地方。

尋找債券

　　現在你已經知道關於債券投資，你可不可以幫財富超人組做一點研究？他們想要投資債券基金，這是一種債券的組合。購買債券基金是嘗試債券投資的一種簡便方法。當你尋找債券基金時（例如：你可以在搜尋引擎鍵入「債券基金加州」），你可以得到很多結果。你可以點進諸如Morningstar.com之類的網站，然後尋找以下類型的資訊：

➡收益率或利率：這項投資的報酬率。

➡費用率：管理這項基金要花多少成本。

➡成立日期：這項基金已經成立多久。

　　請注意：要得知真正的報酬率，你要用收益率（利率）減去費用率（expenses ratio）。這很重要，這樣你才可以將它和沒有費用率的投資做比較。

　　你要尋找的是整體報酬良好（報酬率會有所不同，但以3%到5%為起點），並且已經存在一段時間的基金。如果是一個全新的基金，你無法看到它長期的表現。

　　請為財富超人組尋找三種看起來值得投資的債券基金。

　　（補充說明：台灣的www.moneydj.com、www.cnyes.com等網站也可找到許多相關的債券基金資訊。）

風險評估表

1 2 3 **4** 5 6 7 8 9

高收益債券

現在我們要來看一看風險和報酬較高的債券。這些稱之為高收益債券。你可以猜猜看為什麼嗎？理所當然地，這是因為它們通常可以提供較高的收益（或報酬率）！然而，正如你所知道的，更好的潛在報酬同時也意味著會牽涉到更多的風險。這些債券也稱為「非投資級」債券，或甚至「垃圾」債券。（不怎麼好聽的名字，對吧？）

在信用評等的級別上（見第57頁），高收益債券會被評為BB或更低。請記住，得到一個BB的評級，就很像你的成績單上得了一個乙（或更差）。那麼，為什麼你要投資一個並非在它班上名列前茅的債券？這些債券支付比較高的收益作為誘因，吸引那些願意在它們身上冒點風險的投資者。

不過請務必謹慎：不要投資那些信用評等太低的債券。通常得到BB、B甚至CCC評級的債券，表示這家公司能夠償還債務。然而，得到CC或更低評級的公司，違約的可能性大增。

對消費者來說，它運作的方式也相同。如果你跟銀行申請貸款（或信用卡），它也會查看你的信用報告。然後這家銀行會檢查你的信用評分。評分好代表你償還負債的可能性高，所以它會跟你收比較低的利率。評分差代表你要支付較高的利率，因為銀行是冒著風險把錢借給你。

　　高收益債券（BB評級或更低）有兩個子類別，它們的名字非常有趣：明日之星與墮落天使。

　　明日之星是指那些目前評級低，但財務狀況正在改善之中的債券。許多時候，這些是較新的公司，它們還沒有太多的財務紀錄。在正式獲得更好的評級之前，它們必須先證明自己。

　　墮落天使則剛好相反。這些是信用評等被下調的公司。通常是因為**營收**（revenue）減少。如果這家公司無法賺進夠多的營收，那麼它將更難以償還它的債務。

重點總結

在第四章，我們討論到實際的投資！關於這些「低風險／低報酬」的選項，以下是一些要記住的重點：

☑ 國庫券是最沒有風險的投資，因為它們背後有政府做後盾。（見第54頁）。

☑ 你可以在當地銀行或純網路銀行設立儲蓄帳戶或購買定存單。（見第56頁）。

☑ 債券有信用評等，就像是你成績單上的等第。評級高的債券風險較低，報酬也較低。而高收益債券有較高的風險，報酬也較高（見第57頁）。

第五章

高風險／高報酬

　　在這一章，我們要把話題從低風險／低報酬的投資類型轉換到高風險／高報酬的投資類型。低風險／低報酬的投資，有點像是騎著腳踏車沿著平坦的街道慢慢行進。而高風險／高報酬的投資，則可以想像成是開著跑車行駛在懸崖邊風勢強勁的道路上。你將踏上一趟驚險刺激的旅程，但如果一不小心，你可能會開下懸崖（當然，這是指在財務上）！

　　在這一章，我們會談到很多關於股票市場：如何買股票、什麼是股利，以及衰退和蕭條的區別。我們還會學到關於公牛、熊和黑天鵝。（不是指在動物園裡的那些動物！）你將會明白這三種動物跟股票市場有什麼相關。

　　對於從未投資過股票的人來說，它們似乎看起來很可怕，（甚至一些曾經買過股票的人也覺得它們很可怕！）所以我們將確認你真正地了解它們。還有，你可以進行的投資當中，股票甚至也不是風險最高的。我們將討論三種風險更高、報酬也更高的投資！

風險評估表

1 2 3 4 5 6 7 8 9

股票市場

　　當你想到股票市場，你會聯想到什麼？也許就像你在電影中看到的那樣，穿著西裝筆挺的人在華爾街四處奔忙。或是你會想到紐約證券交易所，大螢幕上閃著股票價格，人們大喊著：「買進！**買進！買進！**」

　　股市一開始像個雜貨店，你可以親自買賣股票。（現在它可以透過電子化來進行。）光是在美國就有三個主要的股票市場。最大的是紐約證券交易所（NYSE），緊接在後的是那斯達克（Nasdaq）以及美國證券交易所（AMEX）。世界各地還有不同的證券交易所，例如：東京證券交易所、倫敦證券交易所。（補充說明：在台灣則有台灣證券交易所。）

　　這些股票市場由上市公司所組成，上市公司意味著個人投資者（像你、我這樣的），可以購買該公司的**股票股份**（stock shares）。藉由購買某家公司的股份，你將成為這家公司的部分所有者。當這家公司表現良好，它的股價會上漲，而你的投資也會上漲。但是，當這家公司表現差勁，它的股價會下跌，而你的投資也會下跌。這就是為什麼做研究很重要（見第41頁）！

　　你也許也聽過道瓊或標普500，這些是**股票指數**（stock indexes）的例子。股票指數只占整體股票市場的一小部分。道

瓊工業平均指數（DJIA），有時簡稱道指，追蹤30支最大的美國股票。而標普500則追蹤美國500大股票。還有其他許多指數，不過這些是最常見的指數。有時，投資者會參考這些指數以了解市場的整體趨勢。他們可能會說：「道指今天上漲100點！」（補充說明：在台灣有台灣加權指數，以整體上市股票市值計算，為投資人了解市場趨勢的主要指標，另也有依各產業分類發行量加權股價指數，目前約有 30 類。）

你可以如何開始投資股票市場？你實際上要如何購買股票？嗯，你可以有兩種方法：

1. 你可以購買個別公司的股票，例如：你最喜歡的娛樂或食品公司。該公司會有一個與之相關的符號，稱之為股票代碼，它可以讓你查詢該特定公司，以進行研究或購買。
2. 你可以購買一組股票，稱之為共同基金或ETFs（Exchange-Traded Fund，指數股票型基金）。這能讓你建立所謂多元化的投資組合。（我們會在本章稍後談到更多關於多元化。）

如果你持有數種不同的股票（以及其他的投資），有助於你降低風險，因為萬一有一種下跌，那麼另一種則有可能會上漲，你就不會血本無歸。

賭博與樂透

你或許會以為投資跟賭博和玩樂透很像。你把錢投進去，希望贏回更多錢。聽起來非常簡單，是嗎？別太快下結論！

今天，在美國贏得威力球彩券的機率是2.922億分之一，贏得美國超級百萬彩券的機率是3.026億分之一！你知道有哪些事情發生的機率還比贏得這些彩券的機率高嗎？以下皆是：

➤ 被河馬咬死：250萬分之一
➤ 成為太空人：1,210萬分之一
➤ 成為美國總統：3,260萬分之一
➤ 被落下的椰子砸死：5,070萬分之一

如果你以為賭博會比較好，請記住，賭場總是給自己比你更好的賠率。（這就是它們賺錢的方式。）

你不如自己好好做研究，然後做出有根據的投資。在讀完這本書之後，你將知道如何做出可以長期獲利的明智投資。你也許會喜歡這個統計數字，30位美國人之中，就有一位是百萬美元富翁。其中只有極少數人是靠著賭博獲致這個結果！

熊、公牛和黑天鵝

如果你看過《綠野仙蹤》，那麼你就會記得桃樂絲和她的朋友們唱著：「獅子、老虎和熊，喔，天哪！」嗯，在投資的世界裡，這些動物會是公牛、熊，及在某些情況下，黑天鵝。

在華爾街有一座著名的公牛雕像。你知道為什麼嗎？「牛市」代表股票市場上漲（因為公牛會將它的角向上揮舞攻擊敵人，所以公牛被視為是正向的象徵）。另一方面，「熊市」代

表著股票市場下跌（因為大部分的熊會用鋒利的爪子向下攻擊獵物）——情況不妙。

牛市是指股市上漲20%或更多，持續了至少三個月。熊市是指股市下跌20%或更多，持續了至少三個月。有時投資者會直接說股市「看漲」或「看跌」來描述股市的大致趨勢。

好消息是，綜觀歷史，牛市比熊市多了許多。事實上，從1926年到2018年，牛市平均持續了9.1年，而熊市平均只持續1.4年。此外，牛市的平均累計總報酬率高達480%，而熊市僅為-41%。所以，這意味著什麼？長話短說，股市上漲比下跌多得多。

另一種有時會跟金融界和股市關聯在一起的動物是黑天鵝。如同你所知道的，大部分的天鵝是白色的，所以看到黑天鵝被認為是很稀罕的。在經濟學上，黑天鵝事件描述的是很少發生的一些情況，是完全出乎意料，並且有非常負面的結果。

關於黑天鵝事件，近來的一些例子有2001年的網際網路泡沫、2008年的房市崩盤（見第40頁「歷史筆記：2008年的經濟大衰退」），以及2020年的COVID-19（或新冠病毒）大流行。事實上，COVID-19大流行可能是黑天鵝事件的最佳例子。它是極為罕見的事件（上次的大流行病是在1918年），它具有災難性的財務影響（股市大跌與大量的失業），而且它是完全出乎意料的。

在黑天鵝事件發生之前，是不可能預測到它們的，但是我們可以藉由它們記取教訓。身為一名投資者，你可以確保你有做好功課，並且建立你的投資策略。你還記得我們所談過的泡

沫嗎（見第60頁）？你可以確保你不會在泡沫的興奮中得意忘
形。你還可以多元化你的投資。（我們將會在下一章好好來談
一談多元化。）

創業・投資家臉譜
芭芭拉・柯克蘭

芭芭拉・柯克蘭（Barbara Corcoran）是一位商人、投資者
和作家。她擁有8,000萬美元（大約台幣23.2億元）的淨資產！
如果你曾經看過在美國廣受歡迎的電視節目創智贏家（Shark
Tank），你可能看過她和馬克・庫班（Mark Cuban）、凱文・
歐萊利（Kevin O'Leary）等其他投資者正在一起進行交易。

芭芭拉在節目中的一些最大交易是Coverplay（兒童遊戲場
的保護墊）、LOLIWARE（可分解回收與食用的杯子），以及
Stress Free Kids（幫助孩子找到內心平靜的書籍）。

1970年代，芭芭拉在一家房地產公司擔任接待員之後，
決定開始自己的事業。她創立了自己的房地產公司，稱為
Corcoran Group（柯克蘭集團）。2001年，芭芭拉將她的公司
以6,600萬美元賣出（大約台幣19.14億元）！

衰退與蕭條

衰退的定義是指，持續數個月以上經濟普遍大幅下滑的
時期。這真的很拗口！換句話說，就是**國內生產毛額**（gross

domestic　product，簡稱GDP），這個用來衡量此經濟體中所創造的產品和服務的指標，已經持續下降至少好幾個月。這意味著民眾購買較少的產品，工廠減少製造，而零售商也銷售較少的品項。

是什麼導致衰退？我們已經談過兩個主要的原因：經濟泡沫和黑天鵝事件。2000年代初期的網際網路泡沫，以及2008年的房市泡沫，導致了衰退。新冠病毒的爆發造成了2020年的衰退。其他可能的原因是某種經濟衝擊（像是油價上漲），或利率上升，這會使得借錢的成本太貴。

另一方面，蕭條是指更嚴重的衰退持續了好幾年。迄今為止，「大蕭條」是美國唯一有過的蕭條。（祈求它可以繼續保持紀錄！）

好消息是，衰退或甚至是蕭條，都是暫時的。它們發生的時候讓人很痛苦，但是市場最終還是會反彈的。這種上上下下的流動，是整個經濟過程的一部分。優秀的投資者能夠安然度過熊市和衰退，因為他們知道之後還會有更長的牛市。

下一頁的圖表追蹤了從2000年到2018年的道瓊工業平均指數（DJIA）。你可以看到兩次衰退發生的時候：2000年初的網際網路泡沫，以及從2008年到2009年的經濟大衰退，曲線往下走了幾個月。幸運地是，你也可以看到市場在每一次衰退之後都能夠恢復。

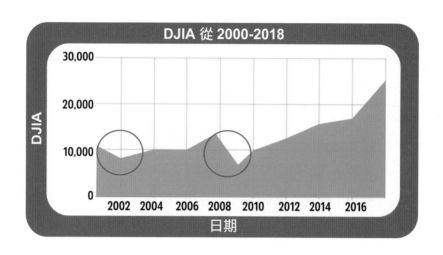

歷史筆記
大蕭條

　　你可能聽過一些關於美國大蕭條，那些令人沮喪的事情，但它究竟是怎麼一回事呢？1929年10月29日（又稱為「黑色星期二」），美國證券交易所（見68頁）崩盤了。在喧囂的1920年代之後，經過多年的瘋狂投機，股票已經被過度高估。想要一次賣光所有股票的投資客導致了恐慌。投資者損失數十億美元，到了1933年，1,500萬名美國人失業，美國有幾乎將近一半的銀行倒閉。

　　1933年，美國羅斯福總統（Franklin D. Roosevelt）簽署了1933年銀行法案（又稱為格拉斯—斯蒂格爾法〔Glass－Steagall Act〕）讓它生效。這是羅斯福總統新政的一部分，新政是美國聯邦政府一系列的救濟計畫和金融改革，為了讓美國擺脫大蕭

條。這項法案也建立了美國的聯邦存款保險公司（FDIC），這是一個政府機構，為那些將錢存入銀行的人提供保障。

如何買股票

在網際網路出現之前，投資**股票**（stock）困難許多。你必須在圖書館，或是藉由閱讀財經報紙（像是《華爾街日報》）來進行你的研究。一旦你決定要買（或賣）什麼股票，你要打電話給你的股票經紀人（買賣股票的人）。你要讓他們知道你想要買（或賣）哪些股票。然後他們會為你下單。哇，真的很費事！（補充說明：在台灣，通常閱讀的財經報紙有《經濟日報》、《工商時報》等。）

幸運地是，自從有了網際網路之後，現在輕鬆多了。你自己在線上就可以做所有的買進、賣出和研究。以下是第一次購買股票的四個步驟（請確認整個過程都有大人協助你）：

1. **開立一個線上帳戶。** 你需要在網路券商或行動應用程式上開立一個帳戶。這有許多選擇，所以請做點研究，看看哪些對新手投資者最好。Vanguard（先鋒）、Fidelity（富達）和Charles Schwab（嘉信）是券商的一些例子，或是你也可以看看Stockpile或Robinhood之類的apps。然後，你可以把你平常的銀行帳戶連結到你的證券帳戶。（補充說明：在台灣較大的證券商包括了：元大、凱基、富邦、群益金鼎、統一證券等。）

展望未來

　　當財富超人組在為未來投資時，他們發現思考企業和產業可能會隨著時間如何演進會很有幫助。

　　例如：在1990年，只比這本書寫作的時間早30年，還沒有Wi-Fi，沒有簡訊、沒有電動車。（這聽起來好像我們是住在外面有恐龍的洞穴裡！）在2020年，我們隨時隨地都可以看到這些產品。

　　請幫忙財富超人組想一想，30年後，以下產業的公司和產品可能會是什麼樣子？

➡ 運輸

➡ 旅遊

➡ 健康照護

➡ 房地產

➡ 食品

　　這個練習可以幫助你思考，針對未來的成長，哪些公司和產業，最值得投資。

2 . **選擇股票**。記得要做好你的功課！光是在券商的網站上，你就可以進行許多研究。只要搜尋你有興趣的股票，然後依循這本書研究部分的步驟進行（見第41頁到第48頁）。提醒：你也可以買一組股票，稱之為共同基金或ETFs（指數股票型基金）。（我們將在下一章討論這個主題。）

3 . **決定你要買多少股**。你可以購買一定數量的股票，或是這個金額的股票。例如：你想投資250美元。你想買的股票是每股100美元。你可以選擇買兩股，這會花掉你200美元的成本。或可以選擇買價值250美元的這支股票，這會讓你得到2.5股。

　　（補充說明：在台灣1張股票＝1,000股，如果1股台幣10元，1張就是10元×1,000＝10,000元。也可以買零股，例如：買5股零股，在這個例子中就是10元×5＝50元。在台灣投資股票的交易成本包含股票手續費與股票交易稅，股票手續費公定價格是0.1425%，買進和賣出股票時各要收取一次，且有最低限額，未滿20元按20元計收。而股票交易稅是0.3%，如果投資ETF交易稅是0.1%，僅在賣出時收取。）

4 . **選擇下單的類型**。買股票的時候，你可以採取幾種不同的下單類型。最常見的兩種類型是市價單和限價單。市價單就是以當下的股價買入股票。如果當下的股價是27美元，那麼你就要付27美元一股。透過限價單，你可以決定你想要以什麼價格買進這支股票。以這個例子來說，如果你認為這個價格會下跌，你可以用限價單以25美元的價格買入。這樣一來，

除非價格下跌，否則無法成交。

　　這不會太難，是吧？對許多人來說，買股票似乎讓人感到害怕。但是一旦你知道它如何運作，它就變得相當簡單！

　　下一步則是要持續追蹤你的股票。還記得我們談過研究和投資你朋友的小生意嗎？我們談過你必須持續追蹤他們的生意，以確保這仍然是一項明智的投資。買股票跟這是同樣一回事。你要密切關注你所投資的公司，以確保他們持續表現良好。

股利

　　接下來我們要來討論一些好東西：如何藉由股票賺錢。有兩種方式：

1. **股票價格上漲**。假設你以每股15美元的價格購買了10股股票。這是一筆150美元的投資（10股×15美元）。如果下個月這支股票的價格上漲到每股20美元，那麼你的投資現在就價值200美元（10股×20美元）。你這樣就賺到了50美元（大約台幣1,450元）！

2. **投資有發放股利的股票**。許多公司會將它們一部分的獲利分給投資者，當作是給股東的報酬。它可以用發放現金，或是給予額外股票的方式來進行。這稱之為股利。事實上，有些

挑三家證券商

財富超人組希望你找出三家你可能會考慮使用的證券商。

這其中有許多類型。在1970和1980年代，一些低成本的投資券商開始流行。這些公司包括：Vanguard、Charles Schwab和Fidelity。到了2000年代，網路投資券商開始興起，例如：E-Trade、TD Ameritrade和Robinhood。而現在，甚至有公司提供機器人顧問，這是一種自動的軟體平台，可以為你做出許多投資決策。請到處看看，並且找出三家你會考慮使用的公司。

當你在做研究的時候，請記錄一下費用、佣金、最低餘額和安全性（例如使用雙重認證，這需要你手機上的認證碼）等事項。對於新手投資者來說，較低的最低餘額和費用很重要。但是，較低的費用和佣金，通常意味著你要自己做比較多的投資決策（沒有理財顧問）。

公司甚至在沒有獲利的情況下也發放股利。為什麼他們要這麼做？也許它們長期以來都有發放股利的紀錄，所以它們想要持續這個傳統。發放股利的公司通常是比較大型、信譽比較良好的公司。

你在研究要買哪些股票的時候，確認一下它們是否有發放股利。獲得股利支付是確保你的投資獲得定期回報的好方法（即使股價波動或下跌）。但是，不要把股利當作你挑選某支股票的唯一原因。你要確認它也符合你研究清單上的其他條件（獲利強勁、有成長性、穩定性等等）。

低買高賣

俗話說，在投資的世界裡，你應該「低買高賣」。這是很棒的建議，但說起來容易，做起來難。心理和情緒因素在人們做決策時有很大的影響力。

例如：當市場上漲，大家都會變得興奮並且說：「哇，你看股票市場行情多好。我最好趕快買進！」所以他們買在股價比較高的時候。當市場下滑，人們開始害怕並且說：「我最好趁還可以脫手的時候趕快賣出！」於是他們賣在股價比較低的時候。

你要如何避免這種情況？盡量根據你的研究來做決定，並且要有耐心。請記住：時間站在你這邊。明智的投資者會展望未來。還記得在第74頁的那張熊市圖表嗎？市場之後總是會反

彈。如果你在時機不佳的時候賣出股票，你會賠錢。如果你繼續持有它們，你就可以賺到更多錢。

私募股權

你現在知道，當你投資在股市的時候，你購買的是上市公司的股票。這些是存在於紐約證券交易所、那斯達克或其他證券交易所的公司。

但是那些不在股票市場上的公司呢？信不信由你，美國只有1%的公司是上市公司。這意味著絕大部分的公司是私人擁有的企業。這些包括了在你社區裡的小店家，像是：保齡球館、乾洗店，以及醫療診所。它也涵蓋了較大型的公司，它們寧

願保持私人擁有（所以它們不需要對大眾揭露它們的財務狀況），再加上成長中的公司，它們希望有天可以透過稱之為首次公開發行（IPO）的過程上市。

所以，有可能投資這些私人公司嗎？當然可以，透過一種稱之為私募股權的投資，它可以讓一些投資者擁有私人公司的一部分。但是，只有某種特定類型的投資者有資格投資私募股權。例子包括了：保險公司、退休基金、基金會，以及非常富有的個人。只有非常富有的個人能夠投資私募股權的原因，是因為投資的最低額度非常高。有些資金需要高達25萬美元（大約台幣725萬元），有些則需要超過100萬美元（大約台幣2,900萬元）！

雖然你可能永遠不會直接投資私募股權，但你可能間接投資，如果你曾經參加過退休金計畫（退休時，從你的雇主那裡收到錢），或擁有保單。這其中有許多公司會把它們的部分持股投資在私募股權基金。

為你的財富加值
投資擁有者多元化的公司

在決定投資哪些公司的時候，你可以考慮那些擁有者多元化的公司。女性和有色人種在職場和企業界經常面臨歧視和不公平待遇，所以這會是你還給他們一個公道的機會。

少數族群所擁有的企業是指公司至少由51%的少數族

群（例如：亞裔、黑人、西班牙裔或美洲原住民）所擁有的公司。一個資料來源是少數族群商業發展局（Minority Business Development Agency，簡稱MBDA），它協助少數族群擁有的企業成長和發展。

你或許也希望支持女性擁有的公司。許多女性由於社會和文化上的偏見、照顧家庭和育兒的義務，以及缺乏教育上和社區的協助而難以開創事業。美國婦女商會（The US Women's Chamber of Commerce）是一個致力於協助女性企業主的組織。要尋找這些企業來投資，你可以用你最喜歡的搜尋引擎，搜尋「少數族群擁有的企業」或「女性擁有的企業」。

創業投資

在私部門的另一種投資類型稱之為創業投資（venture capital）。venture這個字的意思是「風險或大膽的企業」。根據這個定義，你大致可以想像創業投資比其他類型的投資風險更大。這些投資者把賭注放在新興的公司（見第86頁「什麼是新創公司？」），它們的財務狀況和商業模式仍然處於早期階段。

創業投資可來自某個創業投資公司（或稱創投公司）或高淨值人士（high-net-worth individuals）。這種投資通常是以現金投資，但它們也可以知識或專業技術的形式投資。很多時

候，創投公司會在它們投資的新創公司董事會中占有席次，以便指導這家年輕的公司。

如果創業投資風險這麼高，為什麼會有人投入？這就得回到高風險、高報酬的原則（見第36頁）。其風險高於大部分的投資，但是潛在的報酬也更高。創投公司投資的許多新創公司，是由較為年輕、經驗較少的創業家所經營。他們也可能銷售某種從來沒有人見過的新產品或服務。如果它表現良好，那麼投資者就會大獲全勝。如果它失敗了，那麼就會賠掉許多金錢和時間。

許多受歡迎的科技公司在它們早期的階段都曾得到創業投資的幫助：Facebook、WhatsApp、Twitter和Google就是其中的一些例子。但是在每一個創投公司支持的成功案例之外，都有許多失敗的案子。

一探究竟
上市

當一家公司透過首次公開發行（IPO）上市，這真的是一件大事。首次公開發行（IPO）將私人公司轉變成上市公司，這讓它能籌募資金進行擴張，並且在股市公開交易。

這家公司的創辦人可以透過在紐約證券交易所（NYSE）敲鐘來開盤。你必須至少敲鐘十秒鐘，否則場內的交易員會對你發出噓聲。

要投資或不要投資

　　讓我們來玩個小遊戲。請幫助財富超人組決定他們應該投資以下的哪些商業構想。請針對以下的每個構想回答：要或不要。（這些構想取材自真實的公司，它們有的表現優異，有的則關門大吉。）

1. 連接到Wi-Fi的榨汁機
2. 汽車專用醬料置放架
3. 對民眾的社會影響力進行排名的系統
4. 用指紋打開的掛鎖
5. 廁所用的夜燈
6. 尋找apps的搜尋引擎

　　根據這些產品描述，你會建議財富超人組投資哪些生意？當你作答完畢，請確認答案，看看這些真實企業的名字。

答案
1. Juicero-失敗
2. Saucemoto-成功
3. Klout-失敗
4. BenjiLock-成功
5. IllumiBowl-成功
6. Quixey-失敗。

紐約證券交易所會事先做好萬全的準備，以確保一切順利進行。前一天晚上，被稱之為承銷商的分析師會確定新股票的價格。一旦股票被加入交易所，平均要花上十多分鐘才能使價格穩定在一個數字上。當每個人都對這個設定的價格感到滿意時，就會用儀式用的小木槌敲響第二次鐘聲。此時，這支股票就可以正式交易了。

　　（補充說明：在台灣，公司申請上市需向臺灣證券交易所提出申請。經過一定審核流程通過後，正式掛牌買賣。）

什麼是新創公司？

　　當你聽到新創公司（startup）這個名詞，你的腦海裡會浮現什麼？你可能會想到矽谷，或是諸如Netflix，或Google之類的科技公司。這些都是很好的例子，然而許多新創公司是置身於科技產業與矽谷地區之外。

　　基本上，新創公司會是一家年輕的公司，由少數幾個擁有創意且具新穎商業構想的創辦人所建立。他們從很小的規模開始，只有足夠的員工用來測試產品和商業模式。其所懷抱的希望是，顧客會擁抱他們新穎的商業構想，並且讓這家新創公司持續成長茁壯。

　　新創公司會嘗試解決某個問題，或是滿足目前其他的公司無法滿足的某種需求（見第一章，第9頁的「惱人清單」）。許多新創公司環繞著新科技而建立，並懷有社會意識。例如：某家新創公司可能致力於尋找更便宜、對環境更友善的新型態

運輸方式。

由於新創公司是年輕的公司，它們往往需要協助來建立它們的事業。這就是創投公司可以著力的地方，可以借出資金、資源和專業。在新創公司工作可能很刺激，但壓力也很大。沒有人可以保證這家公司可以成功，而且有許多新創公司關門倒閉。有些成功的新創公司被較大的公司收購，或是透過首次公開發行的過程成為上市公司（見第84頁「一探究竟：上市」）。

以下是一些受歡迎的公司，它們都是從新創公司開始的：

➔ Uber   ➔ Snapchat
➔ Airbnb   ➔ YouTube
➔ Instagram

趣聞：過去幾年我們曾經在幾家新創公司工作過。愛麗森是ZINIO（數位雜誌）和StubHub（購票網站）的專案經理。我在Lumosity（益智遊戲）和Basis（健身手錶）擔任過行銷。也許有一天你會在某家新創公司上班（或是自己創辦一家）！

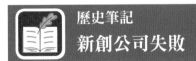

歷史筆記
新創公司失敗

大部分的人想到新創公司的時候，他們想到的都是那些真正成功的案例。不幸地是，大部分的新創公司表現都遠遠不如

Instagram，這就是為什麼投資它們的風險如此之高。以下只是一些最重大與最昂貴的新創公司失敗案例：

→ Munchery 融資1.17億美元（大約台幣33.9億元），但由於食品配送領域的競爭太過激烈而關門大吉。它從2010年營運到2019年。

→ Jawbone 銷售健身手環、耳機和無線麥克風，是有史以來最昂貴的新創公司失敗案例之一。該公司經營了17年，融資將近10億美元（9.3億美元／大約台幣270億元）。

→ Pets.com 是2001年網際網路泡沫破滅時，非常有名的公司。它找不到一種可以獲利的方式來運送袋裝寵物食品和廢棄物。到最後，它最令人難忘的產品是它電視廣告裡的襪子玩偶。

房地產、藝術品、收藏品

另一種類型的投資是購買有形資產，像是房地產、藝術品和收藏品。最常見的有形資產投資是房地產。當你買了一棟房子，你希望有個舒適的地方居住，但你也會希望它增值（價值提升）。當這種情況發生，你的淨值（房屋價值減去抵押貸款）上升。例如：如果你的房子價值20萬美元，而房屋貸款是15萬美元，那麼你的淨值是5萬美元（20萬美元－15萬美元＝5萬美元）。

你也可以投資在房地產出租。這是當你買了一棟房子或公寓建築，並且將它租給房客。當價值上升，你不只可以賺到淨

值，你還可以賺取租金。

其他你可以投資的資產還有藝術品和收藏品。有些人購買藝術品，純粹是因為他們喜愛它的美。然而，藝術品也可以成為一種投資，如果它的價格能增值的話。（雖然〈蒙娜麗莎〉是非賣品，但它估計價值將近10億美元！）收藏品是稀有或獨特品項的收藏，它們的價值會隨著時間而增長。棒球卡、漫畫書、郵票和錢幣是大家可能會收藏的一些物品。

不過要注意，並非所有的有形資產都是投資。例如：當你買了一輛嶄新的汽車，一旦你把它從停車場開出來，它就開始貶值（價值下滑）了。

歷史筆記
著名的收藏品

如果你很好奇收藏品可以昂貴到什麼程度，不妨看看為以下這些物品所支付的創紀錄價格：

→ **漫畫書**：《Action Comics》#1（超人首次亮相），320萬美元（大約台幣8,900萬元）
→ **棒球卡**：一張1909年的何納斯·華格納（Honus Wagner），312萬美元（大約台幣9,048萬元）
→ **足球卡**：一張1935年的布朗克·納古斯基（Bronko Nagurski），24萬美元（大約台幣696萬元）

→ **郵票**：英屬圭亞那「一分洋紅」（1c Magenta）郵票，900萬歐元（大約台幣2.83億元）

→ **錢幣**：飄髮自由女神一美元硬幣，1,000萬美元（大約台幣2.9億元）

→ **油畫**：達文西的〈救世主〉，4.5億美元（大約台幣130.5億元）

→ **房子**：紐約市中央公園南邊的一間頂層公寓，2.399億美元（大約台幣69.57億元）

　　你也許永遠不會擁有這些夢幻逸品，但你也許會遇到另一個獨特的收藏品為你大幅增值。

天使投資

　　風險最高、報酬也最高的投資類型之一被稱為天使投資。當你想到天使，你會聯想到什麼？你可能會想到某種長著翅膀，抱著豎琴，頭上頂著光環的強大生物。他們從天上下凡來看顧你，並在你遭遇麻煩的時候來幫助你。

對投資等級進行排行

財富超人組想要做些投資，但是他們對於風險和報酬的了解不如你。你能幫他們評估以下的投資嗎？

將以下的投資進行排行，從1（最低風險／報酬）排到6（最高風險／報酬）。你可以回頭看看前面的描述來得到一些幫助。

➤ 定存
➤ 新上市公司的股票
➤ 聲譽卓著，百年老公司的股票
➤ 國庫券
➤ 高評級債券
➤ 樂透彩券

一旦你對這些選擇做好排行，並幫助財富超人組做出他們的投資決定，你可以查看這頁底下的正確排行。

正確答案：1：國庫券；2：定存；3：高評級債券；4：聲譽卓著的公司股票；5：新上市的股票；6：樂透彩券

這有點像是天使投資者所做的事情，不過他們沒有翅膀。他們看顧、幫助、指引年輕的創業者，走過他們創業的初期。它跟創投（VC）很像，但有些許的不同：

→ **誰投資**：創投者並非用他們自己的錢。他們是用從投資公司募集來的資金。天使投資者通常是富有的個人，他們用自己的錢投資。

→ **何時投資**：創投者通常投資在一些已經小有成就的公司。天使投資者則是投資還處於非常早期階段的新創公司。這些公司都還在試圖證明它們的商業模式。

→ **投資金額**：創投者通常一次投資數百萬美元。由於天使投資者用的是自己的錢，冒著較大的風險，他們一次通常只投資數十萬美元。這仍然是冒著風險的很大一筆錢！

天使投資者希望他們的投資至少可以獲利20%到25%。有時他們獲利遠高於此，有時他們什麼也沒賺到。

為了獲致成功，天使投資者需要做很多研究。在投資之後，他們通常必須花很多時間在這家年輕的公司身上，提供專業與建議。

重點總結

在第五章，你了解了所有關於「高風險／高報酬」投資的有趣世界，以下是一些要記住的重點：

☑️ 在金融的世界裡，喜歡用動物作為象徵來描述市場：熊、公牛，以及，我的天啊，黑天鵝！（見第70頁到72頁）

☑️ 天使投資跟購買光環和翅膀無關。它是指富有的個人投資者投入資金到才剛創業階段的公司，以幫助它開展（見第90頁）。

☑️ 你現在知道如何購買你的第一張股票了！你可以在Vanguard（先鋒）、Fidelity（富達）和Charles Schwab（嘉信）之類的券商開立一個帳戶，進行你的研究，並且在線上就可以購買個別的股票或股票基金（見第75頁）。

第六章

多元化你的投資

　　現在你已經知道低風險和高風險投資之間的差異，你要如何分辨哪些投資對你最好？新手投資者採用的一個策略稱為多元化。

　　你也許曾經聽過這句諺語：「不要把所有的雞蛋都放到同一個籃子裡。」這句話可以回溯到17世紀，指的是農夫從他們的母雞那裡收集雞蛋。如果他們把所有的雞蛋都放到同一個籃子裡，結果這個籃子意外掉落，他們便會損失掉所有珍貴的雞蛋！但是如果他們將這些雞蛋平均分散到幾個籃子裡，並且只掉落了其中一個籃子，他們仍然擁有其他幾個籃子的雞蛋。好險！

　　這就是多元化投資其背後的概念。你在這裡投資一點，那裡投資一點，萬一有某種類型的投資表現差勁，你仍然保住了其他投資的錢。我們會談論如何辦到這一點，像是在隨後幾頁所談到的，購買包含一堆股票／或債券的基金投資。

什麼是多元化？

信不信由你，你可以從著名的童話故事中學到寶貴的投資教訓。你還記得《金髮姑娘與三隻熊》的故事嗎？當金髮女孩試吃碗裡的麥片粥，熊爸爸的粥太燙了，熊媽媽的太冷了，而熊寶寶的剛剛好。

這跟投資有什麼關係？嗯，在投資時，當牽涉到風險和報酬，你不會想要太高或太低。你會想要找到像熊寶寶那樣剛剛好的甜蜜點。

在投資時，你要如何找到甜蜜點？這一切就都得靠多元化（不要把所有的雞蛋都放到同一個籃子裡）。要做到這點，就要審視你的**資產配置**（asset allocation）。這意味著檢視你在不同類型的投資中，投資了多少。

想要確認做好資產配置，你可以考慮幾個因素：你的年齡、你的風險容忍度，以及你離退休還有多久的時間（或需要用到這些錢的時間）。最重要的因素是你的年齡。你愈年輕，你就愈能夠投資在高風險高報酬的投資項目，因為你有較長的時間從衰退中復原。

計算這個因素的一種方式是利用以下的這個公式：

100 － 你的年齡 ＝ 擁有股票的百分比

其他的投資則會放在債券（以及／或是其他低風險的投資）。讓我們來看看這項規則的一些例子。如果你現在10

歲，你可以投資90%在高風險的股票（100－10＝90），以及10%的債券和低風險的投資。當你50歲，你可以投資50%在股票，50%在債券。（而且，是的，當你100歲，你可以投資100%在債券和低風險的投資！）

以下是這些資產配置在派餅圖看起來的樣子。如果這是一張披薩，你在10歲的時候會得到一片債券，並且在50歲的時候得到半張披薩的債券。

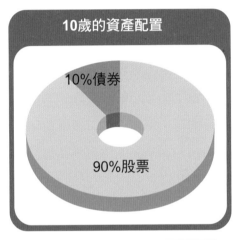

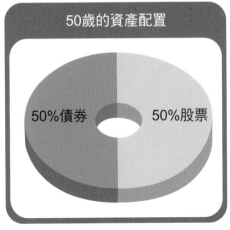

等一下，你還沒有完成多元化！我們還必須確認你對90%的股票投資也是多元化的。你可以透過購買各種公司和產業的股票來做到這點。如果你只買了一家公司的股票，你會把90%的錢都放在這同一個籃子裡！

一個非常簡單的方法是購買**指數型基金**（index fund）。還記得回到第五章，當我們談到股票指數，像是標普500（見第68頁）？你可以購買像這樣涵蓋這全部500支股票的基金。這等於是把很多不同的雞蛋放在很多的籃子裡！

相對於主動投資，這有時被稱為被動投資。當你持續地買進和賣出特定公司的股票，你就是在做主動投資。另一方面，被動投資是指你購買了多元化的股票和／或債券基金，並且隨著長期持有它們而增值。這也稱之為買進並持有策略，它是一種很流行的投資方法。甚至巴菲特也推薦這種方法給大部分的投資者。

連連看

財富超人組在此提出了另一個挑戰：尋找符合你興趣的上市公司。這是開始考慮你可能想投資哪些公司的一個好方法。

1. 列出5到10個你的興趣或嗜好。開始思考所有你喜歡做的事情。例如：你的清單上可能包括了單車、電玩、漫畫書和桌遊。

2. 尋找符合每項興趣或嗜好的上市公司。例如：你找到兩家單車公司叫做捷安特和美利達。你可以搜尋它們的股票代碼，看看它們是否有公開交易。

一旦你有了一份符合你興趣的上市公司名單，你就可以對這些公司進行一些研究，看看你是否想要投資其中的任何一家。

指數股票型基金

在讀完多元化和指數型基金之後，你可能會想，這聽起來不錯，但是我要如何買進這些基金呢？

最簡單的方法之一，就是投資在被稱之為指數股票型基金（簡稱ETFs）上。ETFs是股票、債券和／或其他類型投資的組合，你可以像買進個別公司的股票一樣買進它們。

所以，舉例來說，如果你想投資標普500的所有股票，你不需要個別買進所有的這些股票。這會是一個大工程！取而代之的，你可以只要買進一張追蹤標普500的ETF。（補充說明：在台灣，類似標普500這類的ETF也有很多，例如：元大台灣50〔股票代號0050〕就是追蹤台灣市值前50大的上市公司，買進一張就等於投資了這50家公司。）

很酷的是，ETFs有各種形式和規模，例如：股票、債券、行業（或產業），以及商品（如貴金屬）。以下是你可以在每一種ETF中所進行的投資：

➔ **股票型ETFs**：標普500、羅素2000（小型企業股2000大）、那斯達克100（科技股100大）
➔ **債券型ETFs**：政府、公司、地方政府、高評級、高收益
➔ **產業型ETFs**：生物科技、能源、金融服務、**不動產投資信託**（Real Estate Investment Trust，簡稱REIT）
➔ **商品型ETFs**：石油、天然氣、黃金、白銀

你從這些ETFs的選擇可以看到，藉由這些基金來多元化你的投資是很容易的。而且投資ETFs也很容易。你可以像研究個別公司的股票一樣來研究它們，而且你可以用你的證券商帳戶來買進它們。如同往常，只要確認有個大人在你身旁幫助你，並且督導你的投資就可以。

創業・投資家臉譜
約翰・傑克・柏格

約翰・傑克・柏格（John "Jack" BOGLE, 1929-2019）是一位著名的投資者、商人和慈善家。1974年，他創立了The Vanguard Group（先鋒集團），其最後成為金融界最大的共同基金提供者，以及第二大的ETFs提供者。1999年，《富比士》雜誌稱他為「二十世紀四大投資巨頭之一」。

還記得指數型基金嗎？（見第98頁）約翰・柏格是創建第一個指數型基金的人！這些基金改變了個人投資者輕鬆多元化投資的方式。諾貝爾獎得主經濟學家保羅・薩謬爾森（Paul Samuelson）將指數型基金的創建與「輪子、字母表和古騰堡印刷術的發明」相提並論。

柏格在先鋒集團的經營哲學是提供投資者低成本的投資選項。他相信運用**平均成本法**（dollar cost averaging，一種投資策略，將你的投資總額分成較小的定期投資），並且將股利再投入以進行長期投資。他理想的投資是讓投資者終生持有低

成本指數型基金。約翰·柏格策略的追隨者被稱為「柏格頭」
（Bogleheads）。

共同基金

　　另一種一次買進多種投資的方法是透過共同基金。類似於
ETFs，共同基金可以一次買進一組股票、債券或其他投資。

　　你可能會好奇，所以，共同基金和ETFs之間有什麼不同？
這是個好問題，因為它們是非常類似的投資類型。其主要的差
別在於，ETFs是被動管理的，而共同基金是由基金經理主動管
理的。ETFs只要設定好追蹤某個特定指數（像是：標普500）
或產業（像是：石油和天然氣），所以它們不需要專業的基金
經理做任何決定。另一方面，共同基金則會動用基金經理來決
定這支基金要買賣那些投資。

　　這意味著共同基金要支付比較高一點的費用和費用比率，
因為你是付費給專家去做決策。這聽起來好像不太划算，為什
麼你要付出更多的辛苦錢？讓我們更仔細瞧瞧這件事。有時
候，共同基金表現得夠好，即使在付出了比較高的費用之後，
仍然比ETFs獲利更好。這就是為什麼做研究是很重要的。

　　對新手投資者很有幫助的一類共同基金是目標到期型退休
基金（target retirement funds）。你選擇一個你認為會退休的年
分，然後這個基金會自動設定並更新適合你年齡的資產配置。
如果你不介意多付一點管理費用，這是一種簡單的方法，可以
透過股票和債券的適當組合來實現多元化。

多元化！

財富超人組需要你的協助！他們想要多元化他們的投資，但是他們不確定該如何進行。

讓我們幫他們擬出一個好的計畫，從適當的資產配置開始。請記住決定持有股票百分比的公式：

100 − 你的年齡 = 持有股票的百分比

如果財富超人組各自都是30歲，他們的資產配置會是70%的股票和30%的債券（和其他低風險的投資）。

如果他們要投資1,000美元，那就是700美元做股票投資，300美元做債券和低風險投資。

以下是他們考慮的選項。你會在每種類別投資多少錢，以確保他們有適當的資產配置？給你的父母看看他們是否同意：

股票（總共700美元）：
➜ 個別的公司股票 = $ _____ 美元
➜ 標普500指數型基金 = $ _____ 美元
➜ 2050年到期退休基金 = $ _____ 美元

債券和低風險投資（總共300美元）：
➜ 純網銀儲蓄帳戶 = $ _____ 美元
➜ 國庫券 = $ _____ 美元
➜ 高收益債券 = $ _____ 美元

你希望如何可以在30歲或40歲時退休，以便在剩下的人生歲月裡旅行、冒險，進行有趣的計畫？這就是FIRE（Financial Independence / Retire Early，財務自由／提早退休）運動背後的想法。

隨著愈來愈多人領悟到，他們不想在剩下的人生歲月裡，一直處在壓力滿滿的工作當中，FIRE運動在2010年代開始變得流行。2015年，愛麗森和我在我們40多歲的階段達成了FIRE的目標，而我們現在在世界各地旅行與撰寫書籍！

其目標是你的儲蓄和投資至少是你每年開銷的25倍。所以如果你每年的開銷是50萬元，那麼你的儲蓄和投資就必須要有1,250萬元。

這似乎是很多錢（而它的確是）；然而，如果你從年紀很輕的時候就開始做明智的投資（就像你在讀完這本書之後可以做到的那樣），你可以輕鬆地達到這個目標。如果你能節儉過活，這意味著，你對如何用錢能夠精打細算，這也會很有幫助。

重點總結

在第六章，我們探討了為什麼多元化你的投資如此重要。以下是一些要記住的重點：

- ☑ 多元化你的投資，就如同確保你沒有把所有的雞蛋都放在同一個籃子裡（見第95頁）。
- ☑ ETFs是購買某整個股票指數或某個經濟產業的簡便方法（見第100頁）。
- ☑ 共同基金類似ETFs，但你要多支付一點費用，因為它們是專業管理的（見第102頁）。

第七章

增長你的財富

在讀完前面六章之後，你已經比你同年齡的孩子（以及許多大人）懂得更多關於投資的知識！在最後一章，我們將會向你展現，如何將所學的一切付諸實踐——不論是現在或未來。

我們將會看到，當你從年輕的某個年紀開始儲蓄、投資和增長你的財富，你的人生旅程將如何展開。我們會從你現在立刻就可以做的事情開始，像是賺點外快、開立儲蓄帳戶，以及觀察股市變化。

隨著你年紀漸長，你的目標可能變成買輛車子、上大學或開始做點生意。稍後的人生，你也許會想買棟房子或幫助你的孩子上大學。你甚至可能會像我們一樣想早點退休！趁著年輕時投資，可以幫助你實現這些夢想，甚至超乎想像。

現在該做什麼？

成功人士（特別是投資者）總是會為自己設定目標。思考你的投資目標，就像你要做一趟公路旅行。如果你不知道最後要去哪裡，你就很難抵達那裡。你最後會淪落到開著車繞圈

子，或甚至撞上路障。然而，如果你知道最後要去到哪裡（你的目標），那麼你就可以製作一張有效而且安全的路線圖到達目的地。

雖然你還小，你現在還是可以做許多事情為你未來的投資創造優勢。讓我們從接下來的幾年開始。你可以設定賺錢和儲蓄的目標，並且研究投資。

你的目標應該有一個具體的數字或金額，而且它應該有一個時間的範圍。一旦你設定目標，你就應該擬定一個具體的步驟來達成這個目標。如果你將目標拆解成幾個比較容易的部分，你會比較可能達成某個有難度的目標。

以下是一個例子。例如：你想要設定一個關於賺錢的目標。你可以設定在未來12個月賺到15萬元的目標。這件事情的發生有一個具體的金額和確定的時間範圍。一旦你有了目標，就該大略畫出如何抵達那裡的步驟：

步驟1.想出賺錢的點子。列出所有你可能賺取外快的各種方法。提供服務是賺錢的一個很好方法。例如：幫人遛狗、當保母、除草、跑腿打雜等等，都可以算是服務。

步驟2.尋找顧客。住在你附近，或是你定期互動的人，就是你可以提供服務的最好顧客。也許你的鄰居在體力上無法從事某些事情，或他們就是太忙了。他們可以真的用上你的幫助。

步驟3.行銷你的服務。向你的潛在顧客說明你可以提供他們什

麼服務。告訴他們你為什麼對這工作很拿手（你很喜歡狗，或是你以前就一直在幫忙照顧你的弟弟）。為你的服務提出一個合理的收費。

步驟4 . 讓你的顧客開心。 永遠要做好工作，並且感謝他們給你機會。這會讓他們繼續回來再度雇用你，不論是做同樣的工作，或是其他的差事。

步驟5 . 請求推薦。 一旦你讓你的顧客感到開心，拜託他們是否可以將你推薦給他們的親朋好友。這稱之為口碑行銷。你的顧客實際上就等於是在告訴其他人應該雇用你。

你可以為儲蓄和研究投資做同樣的目標設定計畫。

 創業・投資家臉譜
馬克・庫班

你也許知道馬克・庫班（Mark Cuban）是NBA達拉斯獨行俠隊的老闆。他在2000年以2.8億美元（大約台幣81億元）買下這支隊伍，而到了2019年，它價值22.5億美元（大約台幣652.5億元）。或者，你是從美國廣播公司的電視節目創智贏家認識他的。（從2011年到2020年，他在80家小企業身上投資了2,000萬美元／大約台幣5.8億元。）

據估計，庫班在2019年所擁有的淨值是43億美元（大約台幣1,247億元），他一直都是位創業家。他的哲學是，尋找需求，並且搶在其他人之前滿足這些需求。他在12歲的時候，將垃圾袋以一包6美元（大約台幣174元）的價格賣給鄰居。在16歲，當地的報紙罷工時，他真的開車到俄亥俄州的克里夫蘭去買報紙到賓州的匹茲堡販賣。這一趟來回距離超過250英里！

1980年代後期，庫班創立了一家叫做MicroSolutions的公司，他在1990年以600萬美元（大約台幣1.74億元）將它賣出。他之後創辦了串流運動賽事的線上服務，其在1999年被Yahoo以57億美元（大約台幣1,653億元）收購！

夢想遠大

賺錢和儲蓄是你展開理財之旅的第一步。這些是成為成功投資者的基石。

以現在來看，你為投資所存下來的金額似乎很少。不要因此感到氣餒！你目前主要的目標只要學習投資的基本知識就好。請記住，複利將會幫助你的儲蓄長期增長。

你可能會問的一個問題是，我可以花任何一點我所存下來的錢嗎？或是我必須把它們全部都投資在未來嗎？嗯，累積財富的好處之一，就是能夠不時地享用它。這就是為什麼設定理財目標如此重要了。一個好的策略是為你人生不同的階段設定目標。這些目標可能包括你想要賺到多少錢、你想要存下多少錢，以及在這一路上，你想要實現的遠大夢想是哪些。

你要如何知道你是否負擔得起這些遠大的夢想？算清楚成本需要多少，然後往回推算。請使用我們在上一節，跟如何賺錢同樣的目標設定策略（見第108頁）。寫出每一個步驟，以便你可以成功地達成你的理財目標和夢想。

現在，讓我們來做點好玩的，想想看你在人生不同階段可能會有的遠大夢想。每個人的夢想都不同。有人可能想要擁有豪宅和拉風的跑車，而有人可能想要用他們的錢來環遊世界。

我們會從你青少年期開始來想像。你可能感興趣的事物，諸如：電玩、單車、運動用品、電腦，甚至是你的第一輛汽車。此外還有各式各樣精彩刺激的體驗你可以好好享受，像是：音樂會、公路旅行、運動賽事。而你也別忘了為你的大學學費存點錢！

在你20幾、30幾歲時，你會有不同的目標。例如：你會想要擁有自己的房子或公寓，一些體面的家具，也許一輛更好的車子。如果你打算結婚，你可以計畫一個很棒的婚禮和蜜月。這也是一個很好的時機開始做更多的旅行並探索世界。

如果你現在就開始投資，那麼到了你40幾、50幾歲時，你和你的家庭應該處於相當好的財務狀況。如果你想要的話，你可以提升你的居住條件，住進更好的房子裡。你甚至可以更常旅行。愛麗森和我至今已經去過30個國家，我們計畫到我們60歲的時候，可以去過60個國家！

當你60歲或更老，如果你曾經做過明智的投資，你將會有很好的條件，以你認為合適的方式來享受你的餘生，因為錢已經不再是個問題。

透視你的水晶球

　　財富超人組認為人生有目標是很好的一件事。他們希望你想一想，你在20、30、40和50歲的時候，會想到達哪裡。以下是一些不同的類別：

➡你想要居住在哪裡？這可以是在另一個國家、不同的城市或省分，在海邊、在山林，或甚至是可能在外太空！

➡你想要成為什麼？工程師、音樂家、執行長、政治人物、冒險旅遊嚮導、創業家等等。

➡你想要跟誰住在一起？配偶、孩子、室友、朋友等等。

➡你想有哪些嗜好？潛水、旅行、從事運動、寫作等等。

　　在以下圖表的每個年齡格子裡，填上你預見的自己。我們不會強求你實現這些目標，所以請盡情發揮你的想像力吧！

年齡	哪裡	什麼	誰	嗜好
20				
30				
40				
50				

轉大人

如果現在就開始投資的想法似乎難以進行，也別擔心！當你長大到18歲，正式成為一位大人，它將會變得容易許多。

首先，你不需要在大人的監護下才能開立帳戶和進行投資決定。你只要確定自己永遠都會做研究。一旦你有了固定的工作，你大概就會有穩定的收入來源。你可以將這筆收入的部分留作定期儲蓄和投資之用。（補充說明：台灣在2020年底，立法院通過了《民法》修正案，將成年的年齡從20歲降到18歲，預計2023年正式實施。）

許多人開始投資的最常見方式之一，是透過他們公司的**401（k）計畫**（見第115頁「什麼是退休基金？」）。你的雇主可能會自動將你一小部分的收入拿去做投資。你可能甚至沒注意到你的薪水縮水了一點點，但隨著它跟著時間增長並產生複利效果，你會對這個結果感到開心。有時，你的雇主甚至會做出一些相對應的投資，這意味著公司投資了跟你一樣的金額。（這是一筆意外之財！）

當你年紀漸長，你也可以嘗試一些較高風險與較高報酬的投資，例如：投資出租的房地產，或開創自己的事業。你可能想要開一家線上的漫畫書店，或是在你的社區裡開一家汽車修理店——夢想要遠大！

開創自己的事業就像是在投資自己！你正在冒一個險，打賭自己所投入的知識、研究和努力會透過獲利的事業得到回

報。很棒的一件事情是,在你20幾歲、30幾歲的時候,如果你的投資不盡如人意,還會有時間恢復元氣。

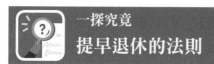

一探究竟
提早退休的法則

人們如何知道他們是否已經存到足夠的錢退休?事實上,有幾個法則你可以遵循。

第一個被稱之為「4%法則」。它指的是,如果你每年提取4%或更少的**儲備金**(你的儲蓄)來支付開銷,那你的錢就可能不會花光。例如:假設你在45歲的時候,從你的儲蓄和投資總共儲備了台幣3,000萬元,如果你每年的花費是120萬元(3,000萬元的4%)或更少,那你就有足夠的錢退休。

另一種看待它的方式是「乘以25法則」。這是說,你的儲備金應該至少是你每年開銷的25倍。如果你每年的開銷是150萬元,那麼你的目標應該至少存到3,750萬元(25×150萬元)。

什麼是退休基金？

IRA, 401(k), 403(b)──這些不是《星際大戰》電影系列裡的新機器人，而是不同類型的退休帳戶。

退休帳戶是讓你更容易為你的未來投資的計畫。在美國最常見的是401(k)和IRA帳戶。其投資可以放在股票、債券、ETFs或共同基金。

401(k)計畫是由你的雇主所設置。你將一小部分的薪水設定自動為你投資。個人退休帳戶（Individual Retirement Account，簡稱IRA）也很類似，但是是由你自己撥款到這個帳戶。退休帳戶有分成傳統退休帳戶或羅斯（Roth）退休帳戶。其中的差別在於你何時為這筆錢納稅（taxes）。

這些帳戶都有一些規定。例如：你必須等到59.5歲才能夠把錢提領出來（否則會有10%的罰款）。所以，為什麼還要開立這些帳戶？因為它讓投資變得更加容易，而且可以讓複利為你發揮效用。這些計畫的好處是，一旦你設定好，它們就會自動運作。投資者稱這為「一勞永逸」。

（補充說明：台灣的退休金制度可分為「勞退舊制」和「勞退新制」。「勞退舊制」是由雇主依勞工每月薪資總額2%~15%按月提撥到勞工退休準備金專戶中。此帳戶專款專用，所有權屬於雇主，並由臺灣銀行（信託部）辦理該基金收支、保管及運用。當勞工符合退休條件向雇主請領退休金時，雇主可由勞工退休準備金專戶中支付。

民國94年7月1日勞退新制施行後，雇主應為適用該條例退

朝財務自由前進！

財富超人組想要幫助你在45歲就可以達成「財務自由，提早退休」的目標。想像你到那時已存下台幣4,500萬元。運用4%法則，你每年可以安穩地提領180萬元（或每個月15萬元）。

這個遊戲可以幫助你規劃預算。如果你想要提早退休，你可能必須在某些方面減少你的花費。

以下是一些規則：

1.你在食、住、行、娛樂這每一個類別中，只能挑出一個選項。
2.你全部的花費必須是15萬元或更少。

現在，看看你必須做出哪些選擇才能達到財務自由的目標。預備、就定位，起步走！

住	行	食	娛樂
自有住宅 75,000元	休旅車 60,000元	餐廳外食 45,000元	旅行 15,000元
地上權住宅 60,000元	電動車 30,000元	餐廳外食和 自己煮各半 30,000元	各種活動（音樂 會、表演、運動） 9,000元
租房 45,000元	小摩托車 1,500元	自己煮 15,000元	看電影 3,000元

休金制度之勞工按月提繳退休金，儲存於勞保局設立之勞工退休金個人專戶或選擇為勞工投保年金保險，雇主負擔提繳之退休金，不得低於勞工每月工資6%。另勞工得在其每月工資6%範圍內，自願提繳退休金，並自當年度個人綜合所得總額中全數扣除，此專戶所有權屬於勞工。民國94年7月1日之後才進入職場者，一律使用勞退新制。）

當你60歲

在了解了所有不同的投資方式之後，你可能會想知道最終的目標是什麼。嗯，這一切都取決於你。每個人都不一樣，而每個人也都有他們自己的人生目標。

請想想看在你這一生中所有可能想要完成的事情。雖然金錢無法買到快樂，但它可以提供你和心愛的人較為自在和享受的生活方式。純粹為了好玩，讓我們拿出我們的水晶球，試著透視你的未來。

你想要讓你的孩子不需要學貸就可以上大學嗎？在美國有一種投資方案稱為529計畫，可以幫助你儲蓄孩子的教育資金。它運作的方式跟401(k)計畫類似，允許你投資的資金遞延所得稅（意思是說你可以晚點再納稅）。提供教育是你可以給你心愛的人最好的禮物之一。愛麗森的父母能夠存下足夠的錢送她去上大學，這為她人生所獲得的諸多成功做好了準備。

你希望年紀輕輕就退休嗎？雖然大部分的人認為要等到65歲才能退休，也許你55歲就可以。或甚至你可以像我們一樣在

45歲就退休。如果你趁年輕及早儲蓄和投資，你有很大的機會在年輕的時候就達到財務自由。這可以提供你自由去追求任何你可以想像到的精彩夢想與冒險。也許你想要買一輛露營車在全國各地旅行走透透。或是你想在60歲的時候拜訪過60個國家。（這是我們的目標！）

你希望幫助這個世界變得更加美好嗎？我們曾經談過一些你可以創造改變的方法。例如：你可以投資注重環保或是由女性或少數族群所經營的公司。你甚至可以捐出時間和資源給那些你認為有意義的公益團體。

如果你儲蓄並投資，所有的這一切都有可能成真。你不需要是個財務分析師或經濟學家才能成為一名聰明的投資者。以下是一些來自電視、電影和音樂界的名人，他們曾經做過明智的投資而發財致富：

→ 艾希頓·庫奇（Ashton Kutcher）：矽谷投資
→ 傑瑞德·雷托（Jared Leto）：咖啡、床墊、科技公司
→ 約翰·傳奇（John Legend）：服飾、網路零售、淨水器
→ 瑞絲·薇斯朋（Reese Witherspoon）：製片公司、服裝系列
→ 阿諾·史瓦辛格（Arnold Schwarzenegger）：房地產、餐廳、投資公司
→ 潔西卡·艾芭（Jessica Alba）：居家用品、身體保養產品

這需要認真努力的投入，但如果你應用在這本書中所學到的東西，你的財務會處於優渥的狀況。就像在童話故事裡所說的：「⋯⋯你從此之後都過著快樂幸福的日子！」

為你的財富加值
造福未來世代

在這一章，我們已經設定目標，並且想像你到60歲的時候，人生會變得怎麼樣。現在想像你在你的90歲生日派對！你的親朋好友將會如何訴說關於你的這一生？這就是所謂的豐功偉業。這就是你希望被記住的方式，以及你為後代所留下來的東西。也許大家會記得你是一位偉大的領導者、一位冒險家、一位創新者，或是一位藝術家。

以下是一些你可以留下深遠影響的方法：

➡ **工作**：在你的領域成為一位領導者或開拓者
➡ **慈善事業**：擔任志工、捐獻給你所相信的慈善公益事業、輔佐年輕人
➡ **創造力**：為世界帶來新事物（例如：藝術、著作、企業）

你甚至可以在你的晚年設立你自己的慈善基金會，提供補助金、贊助和獎學金。從某種意義上來說，這會讓你長年以來所賺到的錢產生持續的影響。

測驗你的知識！

針對你的最後一個活動，財富超人組想要看看你學會了多少：

1. 第一枚錢幣來自於哪裡？

A. 利迪亞

B. 倫敦

C. 利比亞

2. 複利的公式是哪個？

A. $P \times (1+n)^i$

B. $N \times (1+i)^p$

C. $P \times (1+i)^n$

3. 什麼不應該用來當作投資研究的參考？

A. 獲利成長

B. 你的直覺

C. 穩定性

4. 關於高評級債券，以下何者為真？

A. 被評等為BB或更低

B. 比高收益債券風險低

C. 有時被稱為「非投資級」

5. 以下的這些投資，何者風險最高

A. 垃圾債券

B. 標普500指數型基金

C. 新創公司

6.ETF是指什麼？

A. 指數股票型基金

B. 私募股權

C. 高評級公司債

7. 關於**401(k)**計畫，以下何者為非？

A. 提供稅務優惠

B. 由你的雇主管理

C. 可以在任何時候提領，不需要繳罰款

如果你答錯了幾題，別擔心。
投資是一輩子的學習過程！

解答：1.A 2.C 3.B 4.B 5.C 6.A 7.C

重點總結

在第七章，我們審視了儲蓄和投資可以如何幫助你度過這一生。以下是一些要記住的重點：

- ☑ 你可以擬定一個按部就班的計畫來實現你的理財目標（見第108頁）。

- ☑ 在人生的每個階段對自己想要完成的事物懷抱遠大的夢想是件好事（見第110頁）。

- ☑ 趁年輕時開始投資，可以幫助你創造你想要的人生，並從此過著幸福快樂的生活！（見第118頁）。

專業術語一覽表

✛ **401（k）　401 k 計畫**：一個由你的雇主制定的計畫，能讓你將薪水轉到某個投資帳戶。

✛ **asset　資產**：有價值的東西（像是：現金、股票、房地產），可以用來致富或支付債務。

✛ **asset allocation　資產配置**：一種平衡風險和報酬的投資策略，藉由分配投資者的資產（或投資金額）到不同類型的投資，例如：股票和債券。

✛ **bankruptcy　破產**：這是無法償還債務的個人或公司所使用的法律程序。它通常由法院命令強制執行，用於尋求部分債務的減免。

✛ **brokerage firms　證券經紀商**：一種讓民眾可以買賣金融商品，例如：股票、債券、共同基金、指數股票型基金（ETFs）的機構。

✛ **certificates of deposit（CD）　定期存單**：銀行和信用合作社所銷售的一種金融商品，有特定的期限，通常是固定的利率。

✛ **credit union　信用合作社**：針對特定團體，例如：老師或軍人，所設立的銀行。

✛ **dollar cost averaging　平均成本法**：這是一種策略，投資者將其投資總額分成定期（例如：每月或每週）購買某種資產。其目標是在不同的價格時間點買進這項資產，而免去「擇時進出」的麻煩。

✦**earnings 盈餘**：公司稅後的淨收入（有時稱為「淨利」）。

✦**expenses ratio 費用率**：基金資產中用於費用的百分比，例如：行政、管理和廣告費用。

✦**Federal Reserve（Fed） 聯準會**：美國的中央銀行系統，創立於1913年，負責掌管國家貨幣政策，並監督銀行規範。

✦**gross domestic product（GDP） 國內生產毛額**：一個國家在特定時期內生產的所有產品和服務的貨幣價值。

✦**index fund 指數型基金**：一種共同基金或ETF，購買特定指數中的所有股票，例如：標普500指數中的500支股票，或道瓊追蹤的30支股票。

✦**interest 利息**：這是借錢的成本。對存錢者來說，這是銀行所支付給你的金額，因為你將儲蓄或投資的錢借給它們。

✦**investing 投資**：把錢投入在某些東西上，期待它會增值。

✦**liquidity 流動性**：在任何時間提取你金錢的容易程度。

✦**maturity 到期**：投資工具的生命週期，例如：貸款或國債券。

✦**nest egg 儲蓄**：你所存下來的錢和資產的總額。

✦**passive income 被動收入**：不需要主動產出，就可以賺到錢。

✦**principal 本金**：在你賺取利息之前所投資的金額。

✦**profitability 獲利能力**：公司的收入減去成本所獲得的利潤。

✦**Real Estate Investment Trust，簡稱REIT 不動產投資信託**：有時候稱作「房地產股票」（real estate stock），它們是擁有並管理房地產和抵押貸款的公司。

✦**return on investment（ROI） 投資報酬率**：對投資效率的一種衡量指標，透過比較利潤與投資成本來計算。

+ **revenue 營收**：一家公司從銷售它的產品和服務獲得的收入。

+ **stock indexes 股票指數**：衡量某個股票組合的指標，例如：道瓊工業平均指數和那斯達克綜合指數。

+ **stock shares 股份**：對一家公司所持有的股票單位，或表示對一家公司的所有權。

+ **stock 股票**：公司擁有權的證明，它能給予股東這家公司的部分所有權。

+ **taxes 納稅**：（地方、州或聯邦）政府向個人或公司徵收的費用，用於政府的活動。

+ **yield 收益**：某項投資在一段期間內所賺到的錢。

資源篇

以下是一些你可以額外閱讀的書籍，以及一些你可以到訪的網站，你可以從中學到更多關於投資、個人理財和致富的知識。

書籍

+ 《原來有錢人都這麼做：效法有錢人的理財術，學習富人的致富之道》(*The Millionaire Next Door*：*The Surprising Secrets of America's Wealthy*) 作者：湯瑪斯·史丹利與威廉·丹柯 (Thomas J. Stanley and William D. Danko)
這本書指出了累積致富的人當中，一再出現的七種共同特徵。

✦《只用10%的薪水，讓全世界的財富都聽你的：有錢人都在用的巴比倫首富理財術！薪水再低，一樣能變富翁！》（*The Richest Man in Babylon*）作者：喬治‧山繆‧克雷森（George S. Clason）

這是關於節儉、理財規劃與個人財富最具啟發性的作品之一。

✦《簡單致富：輕鬆達到財務獨立，享受富裕自由人生的路線圖》（*The Simple Path to Wealth：Your Road Map to Financial Independence and a Rich Free Life*）作者：吉姆‧柯林斯（J. L. Collins）

這本書源於作者寫給女兒的一系列關於金錢和投資的信。

網站

✚ Investopedia.com

提供投資、理財教育，以及各種理財產品（例如：券商帳戶）的
評估、排行和比較。

✚ Investor.gov

提供免費的複利計算器，讓你可以看到你的錢是如何增長的：
https://www.investor.gov/financial-tools-calculators/calculators/
compound-interest-calculator

✚ MarketWatch.com

提供財經資訊、商業新聞、分析和股市資料

✚ Yahoo! Finance（FinanceYahoo.com）

提供財經新聞、資料和評論，包括：股票報價、新聞稿、財報和
原始內容。

（補充說明：在台灣可參考下面這些網站）

✚ MoneyDJ理財網—理財、財經綜合資訊網

www.moneydj.com

提供國內外財經新聞、各種理財商品、理財計算機等資訊。

✚ 鉅亨網

www.cnyes.com

提供國內外財經新聞、各國股市、匯率等資訊。

✚ 公開資訊觀測站

https://mops.twse.com.tw/mops/web/index

提供台灣上市、上櫃公司的公司概況、營運概況、財務報表、股
東會年報等資訊。

Next Generation 02

和孩子一起學投資：學會分辨需要與想要、風險與報酬、
投資與投機，財富自然滾滾來

2022年6月初版　　　　　　　　　　　　　　定價：新臺幣350元
有著作權‧翻印必究
Printed in Taiwan.

著　　　者	Dylin Redling			
	Allison Tom			
譯　　　者	許	芳	菊	
審　　　訂	黃	子	欣	
叢書主編	李	佳	姍	
校　　　對	馬	文	穎	
內文排版	江	宜	蔚	
封面設計	林	芷	伊	

出　版　者	聯經出版事業股份有限公司	副總編輯　陳　逸　華
地　　　址	新北市汐止區大同路一段369號1樓	總 編 輯　涂　豐　恩
叢書主編電話	(02)86925588轉5320	總 經 理　陳　芝　宇
台北聯經書房	台 北 市 新 生 南 路 三 段 9 4 號	社　　長　羅　國　俊
電　　　話	(0 2) 2 3 6 2 0 3 0 8	發 行 人　林　載　爵
台中辦事處	(0 4) 2 2 3 1 2 0 2 3	
台中電子信箱	e-mail：linking2@ms42.hinet.net	
郵 政 劃 撥 帳 戶	第 0 1 0 0 5 5 9 - 3 號	
郵 撥 電 話	(0 2) 2 3 6 2 0 3 0 8	
印　刷　者	文聯彩色製版印刷有限公司	
總　經　銷	聯 合 發 行 股 份 有 限 公 司	
發　行　所	新北市新店區寶橋路235巷6弄6號2樓	
電　　　話	(0 2) 2 9 1 7 8 0 2 2	

行政院新聞局出版事業登記證局版臺業字第0130號

本書如有缺頁，破損，倒裝請寄回台北聯經書房更換。　　ISBN　978-957-08-6328-4 (平裝)
聯經網址：www.linkingbooks.com.tw
電子信箱：linking@udngroup.com

國家圖書館出版品預行編目資料

和孩子一起學投資：學會分辨需要與想要、風險與報酬、
投資與投機，財富自然滾滾來/ Dylin Redling、Allison Tom著．
許芳菊譯．黃子欣審訂．初版．新北市．聯經．2022年6月．136面．
17×23公分（Next Generation 02）
譯自：Investing for kids: how to save, invest and grow money
ISBN　978-957-08-6328-4 (平裝)

1.CST：個人理財　2.CST：投資　3.CST：親職教育

563　　　　　　　　　　　　　　　　　　　　　111006959